Sinners in the Hands of an Angry God

진노한 하나님의 손에 붙들린 죄인들

지옥의 형벌을 피할 수 없는
죄인들을 향한
하나님의 사랑과 은혜의 메시지

조나단 에드워즈 지음 · **안보현** 옮김

생명의말씀사

SINNERS IN THE HANDS OF AN ANGRY GOD
by Jonathan Edwards

This Korean edition ⓒ 1998, 2004, 2008, 2017
by Word of Life Press, Seoul, Korea.
All rights reserved.
Printed in Korea.

진노한 하나님의 손에 붙들린 죄인들

ⓒ **생명의말씀사** 1998, 2004, 2008, 2017

1998년 9월 20일 1판 1쇄 발행
2000년 11월 25일   2쇄 발행
2004년 6월 1일 2판 1쇄 발행
2004년 12월 20일   2쇄 발행
2008년 8월 10일 3판 1쇄 발행
2014년 3월 20일   3쇄 발행
2017년 7월 20일 4판 1쇄 발행
2023년 11월 20일   5쇄 발행

펴낸이 | 김창영
펴낸곳 | 생명의말씀사

등록 | 1962. 1. 10. No.300-1962-1
주소 | 서울시 종로구 경희궁1길 6 (03176)
전화 | 02)738-6555(본사) · 02)3159-7979(영업)
팩스 | 02)739-3824(본사) · 080-022-8585(영업)

기획편집 | 김정주, 유영란
디자인 | 조현진
인쇄 | 예원프린팅
제본 | 보경문화사

ISBN 978-89-04-16598-8 (03230)

저작권자의 허락 없이 이 책의 일부 또는 전체를
무단 복제, 전재, 발췌하면 저작권법에 의해 처벌을 받습니다.

진노한
하나님의
손에
붙들린
죄인들

진노한 하나님의 손에 붙들린 죄인들

Sinners in the Hands of an Angry God

"그들의 실족할 그 때에 내가 보복하리라
그들의 환난날이 가까우니
그들에게 닥칠 그 일이 속히 오리로다"

_ 신명기 32장 35절

  이 구절에는 하나님을 불신하는 악한 이스라엘 백성들에게 하나님께서 보복하시겠다는 내용이 담겨 있습니다. 그들은 선민으로서 하나님의 은혜의 방편 아래 살면서 하나님께서 이루신 그 놀라운 역사들을 다 목격했음에도 불구하고, 여전히 모략이 없어(28절) 그것을 깨닫지 못하고 있었습니다. 이 본문 앞에 있는 두 구절을 보면 이스라엘 백성들은 그동안 그들로 하여금 좋은 열매를 맺게 하려고 애쓰신 하나님의 모든 노력에도 불구하고 아주 쓰고 독한 열매를 맺었습니다.

제가 오늘 택한 본문 말씀인 "그들이 실족할 그 때에"는, 악한 이스라엘 백성들이 받게 될 형벌과 파멸에 대해 다음과 같은 사실들을 암시해 주고 있습니다.

1. 그들은 언제라도 망할 수 있습니다.

즉, 미끄러운 곳에 서 있거나 미끄러운 곳을 걷는 사람이 언제 넘어질지 알 수 없듯이, 그들 역시 언제 망할지 알 수 없다는 것입니다. 이 사실은 그들이 망하되 바로 "그들이 실족할 그 때에" 망하게 될 거라는 본문 말씀에 잘 나타나 있습니다. 이와 똑같은 표현이 시편 73편 18절 말씀에도 나타나 있는데, 거기에는 "주께서 참으로 그들을 미끄러운 곳에 두시며 파멸에 던지시니"라고 되어 있습니다.

2. 그들은 예상치 못한 때에 갑자기 망할 수 있습니다.

미끄러운 곳을 걷는 사람은 언제든 넘어질 가능성이 있습니다. 따라서 자기가 언제 갑자기 넘어질지 전혀 예측할 수 없습니다. 그리고 넘어질 때는 아무 경고 없이 순식간에 넘어지게 됩니다. 이와 똑같은 말씀이 시편 73편 18-19절에도 있습니다. "주께서 참으로 그들을 미끄러운 곳에 두시며 파멸에 던지시니 그들이 어찌하여 그리 갑자기 황폐되었는가 놀랄 정도로 그들을 전멸하였나이다."

3. 그들은 다른 사람이 떠밀었기 때문에 넘어지는 것이 아니라 "제풀로 그냥" 넘어질 것입니다.

마치 미끄러운 길에 서 있거나 미끄러운 길을 걷는 사람이 자기 몸을 가누지 못하고 저절로 넘어지듯, 그들도 제풀로 넘어지게 될 거라는 뜻입니다.

4. 그들이 아직 넘어지지 않고 그대로 서 있을 수 있는 것은 하나님께서 정하신 때가 아직 임하지 않았기 때문입니다.

본문을 보십시오. 때가 되면 혹은 정한 때가 되면 **그들이 실족할 것**이라고 말씀하고 있습니다. 그때가 되면 그들은 미끄러지는 사람이 자기 몸을 가누지 못하고 저절로 넘어지듯 그렇게 저절로 넘어지게 될 것입니다.

지금까지는 하나님께서 붙들고 계셨지만, 정한 때가 되면 하나님께서 붙들고 있던 손을 놓으실 것이요, 하나님께서 손을 놓으시는 바로 그 순간 그들은 망하게 될 거라는 뜻입니다. 마치 경사진 미끄러운 웅덩이 가장자리에 서 있는 사람이 자기 몸을 제대로 가눌 수 없듯이, 즉 누가 붙잡아 주는 사람이 없으면 즉시 웅덩이 속으로 빠질 수밖에 없듯이, 이스라엘 백성들도 그렇게 망하게 될 것이라는 뜻입니다.

본문 말씀에 근거해서 저는 다음과 같은 사실을 강조하고 싶습니다. "악인이 지옥에 떨어지는 것을 한순간이라도 막아 주는 것이 있다면 그것은 오직 하나님의 전적인 뜻일 뿐"이라는 사실입니다. 즉, 어떤 의무감에 얽매이거나 곤란한 장애물의 지장도 받지 않고 순전히 하나님 임의대로 행할 수 있는 왕으로서의 하나님의 뜻을 의미합니다. 악인들이 이 순간 지옥에 떨어지지 않고 버젓이 살아 있는 이유는 바로 이 하나님의 전적인 뜻 때문입니다. 그 외에 다른 이유는 없습니다. 이것이 진리임은 다음과 같은 사실들을 고려해 볼 때 더욱 분명해질 것입니다.

(1) 하나님은 악한 자들을 언제든지 지옥으로 보내실 수 있는 **능력**을 갖고 계십니다. 하나님께서 보좌에서 일어서시는 날이면 인간의 힘은 무력해질 수밖에 없습니다. 아무리 강한 자라도 하나님을 저항할 수 없으며 하나님의 손아귀에서 벗어날 수 없습니다. 하나님은 악한 자들을 지옥에 던지실 능력을 갖고 계실 뿐 아니라, 그 일을 식은 죽 먹듯 쉽게 행하실 수 있습니다.

예를 들어 이 세상의 어느 군왕이 왕권에 도전하는 반역자를 평정한다고 합시다. 만일 그 반역자가 요새지를 구축하고 병력을 증강시켜 강력히 대적해 온다면, 군왕은 반역자를 진압하는 데 상당한 어려움을 겪을 수도 있습니다. 그러나 하나님은 그렇지 않습니다. 이 세상 어디에도 하나님의 능력을 피해 숨을 수 있는 요새는 없습니다.

설사 수많은 하나님의 대적들이 손에 손을 잡고 힘을 합쳐 덤빈다 해도, 그들은 금세 초개처럼 흩어지고 말 것입니다. 그들은 회오리바람 앞에 잔뜩 쌓여 있는 왕겨와 같은 존재요, 활활 타오르는 불 앞에 놓인 마른 장작더미와 같은 존재에 지나지 않습니다.

우리가 땅에 기어다니는 벌레를 식은 죽 먹듯 밟아 뭉개 버리고, 가느다란 실오라기를 식은 죽 먹듯 끊어 버리거나 불에 태워 버릴 수 있듯이, 하나님 역시 원하시기만 한다면 언제라도 그분의 원수들을 지옥으로 던져 버리실 수 있습니다. 그분의 책망 한마디면 온 땅이 떨고, 그분 앞에서는 바위들도 다 무너져 내리는데, 그런 분 앞에서 우리가 서 있을 수 있다고 생각하다니 도대체 우리는 누구입니까?

(2) 악인은 지옥에 떨어져야 **마땅합니다**. 그 때문에 하나님의 공의에 따라 그들은 언제라도 지옥에 떨어질 수 있습니다. 하나님의 공의대로 한다면 하나님은 언제라도 그분의 권능을 행사하며 그들을 멸하실 수 있습니다. 하나

님의 공의는 그들에게 무한한 형벌을 가하라고 외칩니다. 쓸개포도를 맺은 소돔의 포도나무를 보고 "찍어버리라 어찌 땅만 버리게 하겠느냐"(눅 13:7)라고 말씀하십니다. 그들 머리 위에는 하나님의 공의의 칼이 항상 드리워져 있습니다. 그런데 그 칼이 그들을 내리치지 않는 것은 오직 하나님의 전적인 뜻이요 하나님의 전적인 자비의 손길 때문입니다.

(3) 그들은 이미 지옥행 유죄 판결을 받았습니다. 그들은 지옥에 떨어져 마땅할 뿐 아니라 하나님의 율법(하나님께서 하나님과 인류 사이에 세워 놓으신 영원히 변하지 않는 의의 법)에 의해 유죄 판결까지 받았습니다. 이제 그들은 지옥에 떨어질 수밖에 없습니다. "믿지 아니하는 자는 …… 벌써 심판을 받은 것이니라"(요 3:18). 이처럼 회심치 않은 자는 모두 지옥에 속해 있습니다. 요한복음 8장 23절에 나오는 "너희는 아래에서 났고"라는 말씀처럼 지옥이 그의 처소입니다. 그는 지옥으로부터 온 자로 결국 그곳에 갇히게 될 것입니다. 지옥이야말로 하나님의 공의가, 하나님의 말씀

이, 하나님의 변하지 않는 율법의 판결이 그의 처소로 지정해 준 곳입니다.

(4) 그들은 지금 지옥의 고통 속에 나타나고 있는 것과 똑같은 진노와 저주를 당하게 될 대상들입니다. 그들이 지금 이 순간 지옥에 떨어지지 않는 이유는 하나님(그들은 지금 그분의 능력 안에 있는데)께서 그들에게 크게 분노하시지 않기 때문이 아닙니다. 하나님은 지금 지옥의 고통 가운데서 괴로움을 당하고 있는 그 많은 비참한 피조물들, 거기서 하나님의 불같은 진노를 맛보며 견디고 있는 그 피조물들에게 분노하고 계신 것만큼이나, 저들에게도 크게 분노하고 계십니다. 아니 그보다 훨씬 더 많이 분노하고 계십니다.

그렇습니다. 지금 지옥의 활활 타는 불 속에서 고통당하고 있는 그 많은 사람들보다 이 땅에 있는 많은 사람들에게 더 많이 분노하고 계십니다. 여러분은 안심하고 계실지 모르지만, 그건 이 자리에 앉아 있는 여러분에게도 마찬가집니다.

따라서 하나님이 그 붙들고 계신 손을 놓아 그들이 지옥에 떨어지도록 하시지 않는 이유는, 하나님이 그들의 악함을 개의치 않으시거나 그것을 못마땅해 하시지 않기 때문이 아닙니다. 하나님은 저들과 동류가 아니십니다. 저들은 그렇게 생각할지 모르지만 하나님은 절대 그런 분이 아니십니다. 하나님은 저들에 대해 불같이 진노하고 계십니다. 지옥의 형벌이 저들을 기다리고 있습니다.

지옥 구덩이는 이미 준비되어 있습니다. 그 불도 이미 준비되어 있으며 그 용광로는 아주 뜨겁게 달구어져 그들을 받을 준비가 다 되어 있습니다. 불꽃이 이글대며 **활활** 타고 있습니다. 번쩍이는 날카로운 칼날도 그들 머리 위에 드리워져 있으며 밑에는 지옥 구덩이가 그 입을 **활짝** 벌리고 있습니다.

(5) 게다가 **마귀**가 그들을 덮치려 하고 있습니다. 따라서 하나님이 허락만 내리시면 즉시 그들을 자기 것으로 삼을 것입니다. 그들은 마귀에게 속한 자들입니다. 마귀는 그들 영혼을 자기 것으로 삼아 마음대로 다스리고 있

습니다. 성경은 저들을 가리켜 마귀의 것이라 말합니다. 마귀가 그들을 지켜 보고 있습니다. 마귀가 항상 그들 오른편에 서서 마치 먹이를 바라보고 있는 굶주린 사자처럼 그들을 기다리고 있습니다. 마귀는 그들이 곧 자기 것이 될 줄 알고 있습니다. 마귀는 다만 잠시 뒤로 물러서 있을 뿐입니다.

지금은 하나님의 손길이 그들을 붙잡고 있기 때문에 저들에게 손을 대지 못하고 있지만, 하나님이 그 손을 놓는 순간 즉시 그 불쌍한 영혼들에게 달려들 것입니다. 옛 뱀이 그들을 삼키려 입을 딱 벌리고 있으며, 지옥 역시 그들을 삼키려 입을 활짝 벌리고 있습니다. 하나님의 허락만 떨어지면, 그들은 즉시 지옥에 삼켜져 영벌을 당하게 될 것입니다.

(6) 악인의 영혼 속에는 그 영혼을 지배하고 있는 **지옥의 원리들**이 있어서, 만일 하나님이 누르고 계시지 않는다면 지금이라도 당장 그 속에서 지옥불이 활활 타오를 것입니다. 육적인 인간의 본성 속에는 지옥의 고통과 괴로

움을 당할 수밖에 없는 근원이 들어 있습니다. 그 안에는 그들을 완전히 장악해서 다스리는 세력인 타락한 원리들이 들어 있는데 이것이 곧 지옥불의 씨앗입니다. 이 원리들은 본질상 지극히 파괴적이요 강력하기 때문에, 하나님이 억제하시지 않으면 곧 그 본성을 드러내어 지옥에 있는 영혼들의 심령 속에서처럼 악인들의 심령 속에서도 증오심과 타락의 불길이 활활 타올라, 그들로 하여금 지옥에 있는 자들과 똑같은 고통을 당하게 만들 것입니다.

성경은 악인의 영혼이 요동하는 바다와 같다고 했습니다(사 57:20). 지금은 하나님께서 마치 요동하는 바다의 맹렬한 파도를 보시고 "여기까지는 올 수 있으나 더 이상은 안 된다."라고 말씀하시듯이 그의 크신 권능으로 저들의 악함을 누르고 계십니다. 그러나 하나님께서 그 권능의 손을 거두시는 날이면 그 앞에 있는 모든 것이 즉시 쓸어버림을 당하게 될 것입니다.

죄는 영혼을 파멸시킬 뿐만 아니라 영혼을 비참하게 만듭니다. 죄는 본질상 파괴적이기 때문에, 하나님께서 그것을 억제하시지 않고 그대로 방치해 두실 경우 그 영혼은 완전히 비참해질 수밖에 없습니다. 인간의 심령이 얼마나 부패했는지 아십니까? 이루 말할 수 없이 부패했습니다. 악인들이 이 땅에 사는 동안에는 그 심령이 마치 하나님의 제지로 말미암아 갇혀 있는 불과 같다고 보면 됩니다. 따라서 하나님이 그 손길을 거두시는 날이면, 그 불이 활활 타오를 것입니다.

이처럼 인간의 마음이 곧 죄의 소굴이니 그 죄를 억제하지 않으면 그 영혼이 즉시 뜨겁게 달구어진 용광로나 유황불로 화(化)하고 말 것입니다.

(7) 악인은 자기에게 죽음이 임박한 뚜렷한 증거가 보이지 않는다고 해서 한순간이라도 안심하면 절대 안 됩니다. 예를 하나 들어 보지요. 여기 한 사람이 있다고 합시다. 그는 지금 건강합니다. 또 어느 모로 보나 지금 당장 어떤 사고를 당해 이 세상을 하직할 것 같지도 않습니다. 게다가 그가 처한 환경을 돌아볼 때 눈에 띄는 위험도 전혀 없습니다. 그렇다고 해서 그가 전적으로 안전한 것입니까? 반드시 그렇다고 볼 수는 없습니다.

이처럼 지옥에 갈 위험이 눈에 보이지 않는다고 해서 그것이 곧 그 사람이 영원한 지옥의 낭떠러지로 떨어질 찰나에 있지 않다든가 곧 저 세상으로 가지 않을 거라는 증거는 아니라는 사실을 이 세상은 지금까지 여러 가지 방법으로 늘 목격해 왔습니다. 인간이 전혀 뜻하지 않고 생각지도 않았던 방식으로 갑자기 이 세상을 하직하는 일은 상상할 수 없을 만큼 자주 발생하고 있습니다.

사실 회심하지 않은 사람들은 썩은 덮개로 가려진 지옥 구덩이 위를 걷고 있는 셈인데, 그 덮개가 너무 약해 언제 그 구덩이에 빠질지 모릅니다. 다만 그 썩은 곳들이 눈에 띄지 않을 뿐이지요. 사망의 화살은 대낮에라도 갑자기 날아올 수 있는데, 우리가 아무리 예리한 시력을 갖고 있다 해도 그 화살을 알아볼 수 없습니다. 하나님에게는 악인들을 이 세상에서 끌어내어 지옥으로 보내실 수 있는 방법이 무궁무진하게 많이 있습니다. 우리는 상상도 할 수 없는 방법들을 많이 갖고 계십니다. 따라서 굳이 기적을 사용하거나 평범한 섭리의 과정을 어기지 않고서도 얼마든지 악한 자를 멸하실 수 있습니다.

죄인들이 죽음을 맞이하는 방식은 아주 다양한데, 그 모든 방식이 다 하나님에 의해 결정되는 것으로, 완전히 그분의 뜻과 권능에 속한 일입니다. 따라서 그 사용된 방식뿐만 아니라 죄인들이 언제 지옥으로 떨어지느냐 하는 것도 전적으로 하나님의 뜻에 달린 것입니다.

(8) 자연인이 자기 생명을 보존하기 위해 신중을 기하거나 다른 사람들의 보살핌을 받는다고 해서 그의 생명이 한순간이라도 안전한 것은 아닙니다. 이것은 하나님의 섭리와 보편적인 체험에 의해서도 사실임이 입증되고 있습니다.

인간의 지혜가 그를 사망으로부터 안전하게 지켜주는 것은 아니라는 분명한 증거가 있습니다. 만일 그렇지 않다면 지혜롭고 신중한 사람들에게는 일찍 죽거나 뜻하지 않게 갑자기 죽는 일이 적게 일어나야 할 것입니다. 그런데 사실은 어떻습니까? 전도서 2장 16절의 말씀처럼 "지혜자의 죽음이 우매자의 죽음과 일반" 아닙니까?

(9) 악한 자들은 그리스도를 계속 거부하면서, 따라서 악인으로 계속 남아 있으면서 지옥을 피하기 위해 여러 가지로 애쓰고 노력하지만, 아무리 애쓰고 노력해도 한순간도 지옥을 피할 수 없습니다. 지옥에 대해 말하면 거의 모든 자연인들이 자기는 지옥에 가지 않을 거라고 생각하며 자위합니다. 그들은 자기 안전을 위해 자기 자신을 의지합니다. 자기가 지금까지 해온 일, 지금 현재 하고 있는 일, 혹은 앞으로 할 일 등에 대해 말하며 스스로를 안심시킵니다. 모두들 자기가 어떻게 지옥에 떨어지는 일을 피할지에 대해 나름대로 계획을 가지고 있습니다. 그러고는 스스로 자기 계획이 아주 좋다고 생각하며 그 계획은 절대 실패하지 않을 것이라고 자만합니다.

물론 그들은 세상에서 구원얻는 사람의 수는 극소수에 지나지 않으며, 죽은 자들 가운데 지옥으로 간 사람의 수가 훨씬 더 많다는 말도 듣습니다. 그러나 그런 말을 들을 때도 자기는 지옥을 피할 확실한 방법을 갖고 있다고 생각합니다. 그는 그 괴롭고 고통스러운 지옥에 갈 의향이 전혀 없습니다. 따라서 속으로 이렇게 생각합니다. 자기는 지옥에 가지 않도록 자신을 충분히 돌볼 수 있으며, 그 일이 실패로 돌아가지 않도록 잘 처리할 거라고.

그러나 애석하게도 어리석은 인간은 자기 꾀에 스스로 넘어갑니다. 자기 힘과 지혜를 믿고 자신만만해 하지만 실은 헛된 자만에 불과합니다. 우리와 동일한 은혜의 방편 아래 살다가 이 세상을 하직한 사람들, 그중 아주 많은 이들이 현재 지옥에 가 있습니다. 그건 그들이 현재 살아 있는 우리만큼 지혜롭지 못해서도 아니요, 또 지옥에 떨어지지 않을 궁리를 하지 않았기 때문도 아닙니다. 만일 우리가 그 사람들 하나하나를 붙잡고 그들이 생전에 지옥에 관한 이야기를 들을 때 이런 비참한 곳에 올 것으로 생각했었느냐고 묻는다면, 아마 하나같이 다 이렇게 대답할 것입니다.

"아니요. 이곳에 올 생각은 전혀 없었어요. 사실은 지옥에 떨어지지 않을 방책을 나름대로 다 생각해 놓고 아주 좋은 계획을 세웠다고 스스로 안심했지요. 내 계획이 아주 그럴듯하다고 생각했고, 또 이곳에 떨어지지 않도록 나 자신을 효과적으로 잘 돌볼 생각이었어요. 그런데 뜻하지 않게 사망이 갑자기 저를 찾아왔습니다. 제가 그런 식으로 죽을 줄은 정말 몰랐어요. 사망이 도적처럼 제게 임했지요. 사망이 저보다 더 똑똑했어요. 그러니까 하나님의 진노가 제게는 너무 빨리 찾아온 셈이죠. 아, 그때 저는 얼마나 어리석었는지 모릅니다. 사망이 임박한 줄도 모르고 앞으로 할 일에 대해 허망한 꿈을 꾸며 기뻐하고 있었으니 얼마나 어리석은 일입니까! 제가 평안하다, 안전하다고 말하고 있을 때 사망이 갑자기 저를 찾아온 것입니다."

(10) 하나님은 자연인에게 한순간이라도 지옥을 피하게 해주시겠다는 약속을 하시지 않았기 때문에 그럴 의무가 **전혀 없으십니다**. 하나님은 은혜의 언약, 즉 그리스도 안에서 우리에게 주신 약속을 제외하고는 다른 어느 곳에서도 영생이라든가 영벌로부터의 구원에 대해 약속하시지 않았습니다. 오직 그리스도 안에서만 그 모든 것이 약속되고 승인되어 있습니다. 그러나 언약의 자녀가 아닌 사람들은 은혜의 언약 속에 들어 있는 그 약속들에 전혀 관

심이 없습니다. 그들은 그 약속 중 어느 것도 믿지 않을 뿐 아니라 언약의 중재자 되신 그리스도에 대해서도 전혀 관심이 없습니다.

따라서 자연인이 자기 나름대로 구원의 약속을 설정하여 아무리 진지하게 그 길을 찾고 문을 두드린다 하여도, 또 종교적으로 어떤 고통을 감수하고 어떤 기도를 드린다 하여도, 그가 그리스도를 믿을 때까지는 그를 영원한 멸망으로부터 지켜 주어야 할 의무가 하나님에게는 전혀 없습니다.

이처럼 자연인은 하나님의 손에 붙들려 지옥 구덩이 위에 서 있습니다. 그들은 지옥의 맹렬한 불구덩이 속으로 떨어져 마땅하며 이미 그곳에 가야 한다는 판결을 받았습니다. 그리고 하나님은 정말 심히 진노하고 계십니다. 하나님은 지금 지옥에서 하나님의 진노의 잔을 마시며 실제로 고통당하고 있는 사람들을 향해 진노하고 계신 것만큼이나 그들에게도 진노하고 계십니다. 그런데 그들은 그 진노를 달래거나 완화시킬 일을 조금도 하지 않았으며, 하나님 역시 어떤 약속에 의해 그들을 한순간이라도 더 붙잡고 있어야 할 의무를 갖고 계시지 않습니다. 게다가 마귀가 그들을 기다리고 있으며, 지옥이 그들을 향해 입을 활짝 벌리고 있고, 지옥의 불꽃이 그들 주변에서 그 열기를 더해 가고 있으며, 그들 자신의 심령 속에 갇혀 있는 불길 역시 터지기 직전에 있습니다.

그렇지만 그들은 자기들을 구해 줄 중재자에 대해 전혀 관심이 없습니다. 그들이 손을 뻗쳐 도움을 구할 수 있는, 그래서 안전을 보장받을 수 있는 다른 길이 전혀 없습니다. 간단히 말해 그들에게는 피난처도, 붙잡고 매달릴 만한 지푸라기도 전혀 없는 셈입니다. 그런데도 그들이 지옥에 떨어지지 않고 살아 있는 것은 오직 대노하신 하나님의 전적인 뜻이 그것을 원하기 때문입니다. 그것은 언약으로 맺어진 것도 아니요 어떤 의무에서 나온 것도 아닌, 오직 오래 참으시는 하나님의 인내로 말미암아 가능한 것입니다.

적용

제가 오늘 이처럼 끔찍한 주제를 가지고 설교하는 것은 이 회중 가운데 아직 회심하지 않은 사람들을 일깨워 주기 위해서입니다. 오늘 여러분이 듣고 있는 이 설교는 여러분 중 그리스도 밖에 있는 사람 모두에게 해당되는 것입니다.

유황불이 활활 타오르는 그 처참한 지옥이 여러분 밑에 있습니다. 하나님의 진노의 불꽃이 이글대는 무서운 웅덩이가 있습니다. 지옥 문이 입을 활짝 벌리고 있습니다. 그런데 여러분에게는 발을 붙이고 서 있을 곳도, 붙잡을 만한 지푸라기도 없습니다. 여러분과 지옥 사이에는 넓은 공간 이외에 아무것도 없습니다. 여러분이 그곳에 떨어지지 않고 있는 것은 오직 하나님의 권능과 그의 전적인 뜻 때문입니다.

물론 여러분은 이 점에 대해 별로 의식하지 않을 수도 있습니다. 여러분은 지옥에 떨어지지 않은 자신의 모습을 보면서 그 안에 있는 하나님의 손길은 보지 않고 대신 다른 것들, 가령 자신의 좋은 건강 상태라든가, 자기 생명을 잘 보존하기 위해 사용하는 방편들만 바라볼 수도 있습니다. 그러나 사실 이런 것들은 아무것도 아닙니다. 하나님이 그 손을 놓으시는 날이면, 여러분은 즉시 지옥으로 떨어지고 말 것입니다. 산소가 희박한 공기는 우리를 잠시도 지탱해 주지 못하듯이, 그런 것들 역시 우리가 지옥에 떨어지는 것을 막아주지 못합니다.

게다가 여러분의 사악함이 여러분을 납덩이처럼 무겁게 만들기 때문에 여러분은 급속도로 지옥에 떨어질 것입니다. 하나님이 그 손을 놓으시는 날이면, 여러분은 즉시 급속도로 하강하여 그 끝없는 심연 속에 빠지고 말 것입니다. 이때 여러분의 건강이라든가, 지옥을 피하려고 세운 가장 좋은 책략, 자기 의 등은 여러분이 지옥에 떨어지는 것을 막는 데 어떤 영향력도 행사하지 못할 것입니다. 여기 거미줄이 있다고 합시다. 그것이 굴러떨어지는 바위를 막을 수 있다고 생각하십니까? 절대 막지 못합니다.

그와 마찬가지로 여러분의 의나 건강은 여러분이 지옥으로 떨어지는 것을 절대 막아주지 못할 것입니다. 또한 하나님의 주권적인 뜻이 아니면, 이 땅은 여러분을 한순간도 참아주지 않을 것입니다. 왜냐하면 여러분은 이 땅의 짐으로서, 온 피조물이 여러분과 함께 탄식하며 고통받고 있기 때문입니다. 모든 피조물이 마지못해 여러분과 함께 썩어짐의 종노릇을 하고 있습니다.

예를 들어 저 태양은 죄와 사탄을 섬기고 있는 여러분에게 마지못해 햇빛을 비춰주고 있으며, 이 땅은 자기 정욕이나 만족시키고 있는 여러분을 위해 마지못해 그 산물을 내고 있습니다. 또 싫지만 할 수 없이 악한 일에 분주한 여러분의 활동 무대가 되어 주고 있습니다. 공기 역시 여러분이 하나님의 원수들을 섬기며 인생을 탕진하고 있는 동안, 마지못해 여러분에게 호흡할 수 있는 공기를 제공해 줌으로써 생명을 유지해 주고 있는 것입니다.

하나님의 모든 피조물은 본래 선합니다. 그리고 하나님은 자신을 섬기라고 인간에게 그것들을 주셨습니다. 따라서 온 피조물이 그 이외의 다른 목적에 대해서는 마지못해 봉사하며 또 그 본성과 목적에 정면으로 위배되는 목적을 위해 사용될 때는 탄식하며 고통스러워합니다. 만일 소망을 가지고 그것을 다스리며 복종시키시는 하나님의 주권적인 손길이 없다면, 이 세상은 즉시 여러분을 토해 내고 말 것입니다.

지금 여러분 머리 바로 위에는 천둥과 함께 폭풍우가 금방이라도 내리칠 것처럼 보이는 하나님의 진노의 검은 구름이 잔뜩 서려 있습니다. 따라서 하나님의 억제하시는 손길이 없다면, 사나운 폭풍우가 즉시 여러분을 내리칠 것입니다.

물론 지금은 하나님의 주권적인 뜻이 그 사나운 바람을 억제하고 계십니다. 그렇지 않다면 그것이 맹렬한 기세로 불어 닥쳐, 멸망이 회오리바람처럼 여러분에게 임할 것입니다. 그날 여러분은 여름날 타작마당의 겨와 같은 신세가 되고 말 것입니다.

하나님의 진노는 마치 큰 댐으로 막아 놓은 저수지와 같다고 보시면 됩니다. 댐으로 막혀 있는 물은 댐 밖으로 터져 나갈 때까지 그 양이 계속 불어나며 점점 수위가 높아질 것입니다. 그 물이 댐 안에 오랫동안 갇혀 있으면 있을수록, 수문이 터질 경우 물살이 그만큼 더 거세질 것입니다.

여러분이 범한 악행에 대한 심판 역시 이와 같을 것입니다. 물론 그 심판은 아직 시행되지 않고 있습니다. 하나님의 복수의 물결은 아직 보류되어 있습니다.

그러나 그 기간 중에 여러분의 죄는 계속 증가하고 있으며, 따라서 매일 더 많은 진노를 쌓아가고 있습니다. 그 수위가 계속 높아지고 있으며 그 물살이 점점 더 거세지고 있습니다. 그런데도 그 심판의 물결이 터져 나오지 않고 그냥 그대로 있는 이유는 오직 하나님의 전적인 뜻 때문입니다.

하나님께서 그 손을 놓으시는 날이면, 즉시 수문이 열리며 하나님의 맹렬한 진노의 물결이 순식간에 우리를 덮치고 말 것입니다. 그 물결은 우리의 상상을 초월할 만큼 맹렬한 기세로, 그 어떤 것으로도 저지할 수 없을 만큼 전능한 세력으로 우리에게 임할 것입니다. 설사 우리 힘이 지금보다 만 배는 더 강하다 해도, 아니 지옥에서 가장 지독하고 끈질긴 마귀보다 만 배는 더 강한 힘을 갖고 있다 해도, 우리는 절대 하나님의 그 진노의 물결에 저항하거나 그것을 견뎌내지 못할 것입니다.

하나님의 진노의 활은 이미 시위에 걸려 있습니다. 하나님의 공의가 여러분의 가슴을 향해 겨냥한 채 시위를 당기고 있습니다. 그 화살이 여러분을 쏘지 못하도록 잠시라도 막고 있는 것이 있다면 그것은 오직 하나님의 전적인 뜻, 진노하신 하나님의 전적인 뜻뿐입니다. 그리고 그 뜻은 어떤 약속이나 의무에 의해 정해진 뜻이 아니라, 하나님께서 임의로 정하신 뜻입니다.

여러분 가운데 아직도 하나님의 성령의 권능으로 말미암아 심령이 변화되는 체험을 하지 못한 사람들이 있습니까? 중생하여 새로운 피조물이 되지 못한 사람, 죄 가운데 죽어 있다가 다시 살아나는 체험을 하지 못한 사람들이 있습니까? 그런 사람들은 모두 하나님의 진노의 손에 붙잡혀 있습니다.

여러분이 자신의 생활 방식을 얼마나 많이 고쳤든, 종교적 열정을 얼마나 많이 갖고 있든, 가정이나 밀실에서 경건의 시간을 얼마나 많이 가지든 그런 것은 아무런 상관이 없습니다. 지금 이 순간 하나님의 집에 있는 여러분이 영벌을 받지 않은 이유가 있다면, 그것은 오직 하나님의 전적인 뜻이 여러분을 붙들고 있기 때문입니다. 아마 지금은 제가 말하고 있는 이 진리가 잘 믿어지지 않으시겠지만, 시간이 흐를수록 점점 더 온전히 믿게 되실 것입니다.

여러분과 같은 처지에 있다가 지금은 가고 없는 사람들 역시 그때는 지금의 여러분과 똑같이 이 진리를 믿지 않았습니다. 그러다가 갑자기 영벌을 당한 것입니다. 자기가 영벌에 처해지리라고는 전혀 생각하지 않고 있다가 "평안하다, 안전하다."라고 말하며 안심하고 있을 때, 갑자기 영벌을 받았습니다. 막상 영벌을 받자 그제서야 그들은 자기들이 그동안 "안전하다, 평안하다." 하면서 의지하고 있던 그 모든 것들이 허망한 그림자에 지나지 않았다는 사실을 깨닫게 되었습니다.

지금 지옥불 속으로 떨어지지 않도록 여러분을 붙들고 계신 하나님은, 마치 거미나 다른 징그러운 벌레가 불 속으로 떨어지지 않도록 붙잡고 있는 사람처럼 아주 역겹고 혐오스러운 심정으로 여러분을 붙잡고 계십니다. 여러분을 향한 그분의 진노가 불길처럼 활활 타오르고 있습니다. 그분 눈에는 지금 여러분이 지옥불 속에 던져질 수밖에 없는 존재로 보입니다. 아니 그 눈이 너무 정결하여 여러분을 바라보는 것조차 괴로울 정도입니다. 하나님 눈에는 여러분이 혐오스러운 독사보다 더 가증스러운 존재로 보입니다. 여러분은 항상 그분을 불쾌하게 해드리되, 이 세상에서 가장 완악한 반역자가 왕을 불쾌하게 만드는 것보다 더 하나님을 불쾌하게 해드리고 있습니다.

여러분은 언제든 지옥불 속에 떨어져야 마땅한 존재지만 하나님께서 그분의 손으로 여러분을 붙들고 계십니다.

여러분이 지난밤 지옥에 떨어지지 않은 이유가 무엇인지 아십니까? 지난밤 눈을 감고 잠이 들었다가 오늘 아침 다시 눈을 뜨고 이 세상을 보게 된 이유가 무엇인지 아십니까? 하나님의 손이 여러분을 붙들고 있기 때문입니다. 또 아침에 잠자리에서 일어난 후 지금까지 지내면서 아직도 지옥에 떨어지지 않은 이유가 무엇인지 아십니까? 하나님의 손이 여러분을 붙들고 있기 때문입니다. 또 여러분이 하나님을 예배하는 이 엄숙한 시간에 여러분의 악한 방식대로 예배드림으로써 정결하신 하나님을 불쾌하게 해드리고 있는 지금 이 순간, 즉 여러분이 하나님의 집에 들어와 지금까지 예배드리고 있는 동안 지옥불에 떨어지지 않은 이유가 무엇인지 아십니까? 그 역시 하나님의 손이 여러분을 붙들고 있기 때문입니다. 그 외에는 다른 이유가 없습니다.

그렇습니다. 바로 지금 이 순간 여러분이 지옥에 떨어지지 않고 있는 이유는 오직 하나님의 손이 여러분을 붙들고 있기 때문입니다. 그 외 다른 이유는 없습니다.

오, 죄인들이여! 여러분이 지금 얼마나 가공할 위험에

처해 있는지 한번 생각해 보십시오. 여러분은 지금 거대한 진노의 용광로, 즉 진노의 불이 활활 타오르고 있는 저 깊디 깊은 지옥 구덩이 위에서 하나님의 손에 붙들려 있습니다. 하나님은 이미 지옥에 떨어진 수많은 사람들에게 그러셨던 것처럼 여러분을 향해서도 몹시 진노해 계십니다. 여러분은 실날 같은 줄 하나를 간신히 붙잡고 있는데 그 옆에서는 하나님의 진노의 불꽃이 언제라도 그 실오라기를 삼켜 버릴 것 같은 기세로 타고 있습니다. 그런데 여러분은 어떤 중재자에 대해서도 관심이 없습니다.

그렇다고 해서 자신의 구원을 위해 붙잡을 만한 것이 있는 것도 아니요, 그 진노의 불꽃으로부터 여러분을 지켜줄 만한 어떤 것이 있는 것도 아닙니다. 한순간이라도 더 생명을 부지하기 위해 지금 여러분이 할 수 있는 일은 아무것도 없습니다. 여러분이 갖고 있는 어떤 것으로도, 여러분이 지금까지 한 어떤 수고로도 그것은 불가능합니다. 여기서 하나님의 진노에 대해 좀 더 구체적으로 살펴보겠습니다.

1. 그것은 누구의 진노입니까?

그것은 무한하신 하나님의 진노입니다. 그것이 단순히 인간의 진노라면, 설사 이 세상에서 가장 막강한 세력을 가진 왕의 진노라 해도 그렇게 큰 문제가 되지 않을 것입니다. 왕이 진노하면 물론 무섭습니다. 특히 그 신하들의 생명과 재산을 자기 멋대로 좌지우지할 수 있는 절대 군주가 진노할 경우, 정말 가공할 만큼 무서울 것입니다. 잠언 20장 2절도 이 사실을 긍정하고 있습니다. "왕의 진노는 사자의 부르짖음 같으니 그를 노하게 하는 것은 자기의 생명을 해하는 것이니라."

예를 하나 들어보겠습니다. 어떤 신하가 독재 군주인 왕을 노하게 만들면 그는 아마 인간이 고안해 내거나 인간의 능력으로 가할 수 있는 고통 중 가장 혹독한 고통을 당하게 될 것입니다. 그런데 이 세상에서 가장 막강한 세력과 병력을 거느리고 있는 대군주도 하늘과 땅의 왕이시요 전능하신 창조주의 위용에 비하면 땅에 기어다니는 미천한 벌레에 지나지 않습니다. 그들이 아무리 대노하여 극렬한 분노를 발한다 해도 사실 그들은 아무것도 할 수 없습니다. 하나님 편에서 볼 때 이 땅의 왕들은 일개 메뚜기에 지나지 않습니다. 정말 하찮은 존재들입니다. 아니, 그렇게 부를 만한 가치조차 없는 존재들입니다. 그들의 사랑이나 증오는 헤아릴 가치조차 없습니다. 하나님의 위엄이 그들의 위엄보다 훨씬 더 크듯이, 왕 중 왕이신 하나님의 진노는 그들의 진노보다 훨씬 더 큽니다. 그래서 우리 주님께서도 이렇게 말씀하셨습니다.

"내가 내 친구 너희에게 말하노니 몸을 죽이고 그 후에는 능히 더 못하는 자들을 두려워하지 말라 마땅히 두려워할 자를 내가 너희에게 보이리니 곧 죽인 후에 또한 지옥에 던져 넣는 권세 있는 그를 두려워하라 내가 참으로 너희에게 이르노니 그를 두려워하라"(눅 12:4, 5).

2. 여러분을 향한 하나님의 진노는 어느 정도입니까?

그것은 아주 **맹렬한** 진노입니다. 성경에 하나님의 진노에 대한 구절들이 종종 나옵니다. 예를 들어, 이사야 59장 18절에 보면 "그들의 행위대로 갚으시되 그 원수에게 분노하시며 그 원수에게 보응하시며"라는 말씀이 나옵니다.

그리고 이사야 66장 15절에는 이렇게 기록되어 있습니다. "보라 여호와께서 불에 둘러싸여 강림하시리니 그 수레들은 회오리바람 같으리로다 그가 혁혁한 위세로 노여움을 나타내시며 맹렬한 화염으로 책망하실 것이라."

이 외에도 여러 곳에 하나님의 불같은 진노에 대한 구절들이 나와 있습니다. 요한계시록 19장 15절을 보면 "하나님 곧 전능하신 이의 맹렬한 진노의 포도주 틀을 밟겠고"라는 말씀이 나옵니다. 이 말씀은 지극히 무서운 말씀입니다. 만일 그것이 "하나님의 진노"라고만 되어 있었다면, 그것은 매우 무섭다는 것만 의미했을 것입니다. 그런데 그것은 "하나님의 맹렬한 진노"라고 되어 있습니다. 하나님의 불같은 격노! 여호와의 맹렬한 진노! 그렇다면 그건 표현할 수 없이 무서운 진노임에 틀림없습니다. 이 말씀에 담겨 있는 의미를 어느 누가 감히 다 이해할 수 있겠습니까!

그런데 요한계시록 19장 15절을 보면 그냥 하나님의 맹렬한 진노라고만 되어 있는 것이 아니라 "전능하신 하나님의 맹렬한 진노"라고 되어 있습니다.

우리는 너무 화가 나면 온 힘을 다해 화를 내는 경향이 있습니다. 그처럼 하나님께서도 맹렬한 진노를 발하실 때는 그분의 전능하신 능력을 최대한으로 활용하여 진노하시는 것 같습니다.

오! 만일 그것이 사실이라면 그 결과가 어떻게 될까요? 하나님의 그 크고 맹렬한 진노를 막을 만큼 강한 손이 어디 있겠습니까? 그 진노를 견딜 만큼 담대한 가슴이 어디 있겠습니까? 이처럼 무서운 진노를 당하게 될 가련한 피조물의 비참함을 뭐라고 표현할 수 있겠습니까? 우리의 이 작은 머리로는 도저히 이해할 수 없을 만큼 비참할 것입니다.

지금 이 자리에 앉아 계신 여러분 중에 아직 중생하지 못한 분들이 있다면 이 점에 대해 심각히 생각해 보아야 할 것입니다.

하나님께서 맹렬한 진노를 발하신다는 말씀은 곧 조금도 불쌍히 여기지 않고 가차 없이 심판하시겠다는 뜻입니다. 즉 하나님은 여러분이 지옥에 떨어져 자신의 힘으로는 도저히 감당할 수 없을 만큼 큰 고통을 당하고 있을 때, 그래서 여러분의 불쌍한 영혼이 그 고통에 못 이겨 끝없이 깊은 심연으로 가라앉을 때, 여러분을 조금도 불쌍히 여기지 않으실 뿐 아니라, 그 진노를 조금도 늦추지 않으실 것이며 그 진노를 조금도 감하지 않으실 것이라는 뜻입니다.

하나님은 적당함이나 긍휼을 전혀 베푸시지 않을 것이요, 따라서 그 거센 진노의 바람은 조금도 약해지지 않을 것입니다. 하나님은 여러분의 안녕과 복지에 대해 전혀 개의치 않으실 것이며 여러분이 너무 많은 고난을 받지 않도록 배려하지도 않으실 것입니다. 여러분은 오직 **엄위로운 하나님의 공의가 요구하는 것 그 이상의 고통만 당하지 않을 뿐**, 여러분의 힘에 부친다는 이유 때문에 생략되는 고통은 하나도 없을 것입니다. "그러므로 나도 분노로 갚아 불쌍히 여기지 아니하며 긍휼을 베풀지도 아니하리니 그들이 큰 소리로 내 귀에 부르짖을지라도 내가 듣지 아니하리라"(겔 8:18).

그런데 지금은 하나님께서 여러분을 불쌍히 여기고 계십니다. 지금은 긍휼의 때요 하나님의 긍휼을 얻을 수 있는 때입니다. 따라서 담대히 부르짖을 수 있습니다. 그러나 일단 긍휼의 때가 지나고 나면, 아무리 슬피 울며 통곡할지라도, 아무리 비명을 지르며 도움을 청해도 소용없을 것입니다.

그때가 이르면 여러분은 하나님으로부터 완전히 끊겨 버림을 당하게 될 것입니다. 그래서 그 고통과 비참함을 그대로 당하는 수밖에 다른 도리가 없을 것입니다. 왜냐하면 여러분은 영벌에 합당한 진노의 그릇일 뿐 다른 어떤 용도에도 쓸모가 없는 그릇이기 때문입니다. 그러기에 하나님의 진노를 잔뜩 받는 것 외에는 다른 도리가 없습니다. 그때는 아무리 부르짖어도 하나님께서 여러분을 불쌍히 여기지 않으실 것입니다. 오히려 여러분이 재앙을 만날 때 "웃고 비웃으실 것"(잠 1:25, 26 참조)입니다.

엄위로운 하나님의 말씀인 이사야 63장 3절을 보십시오. "만민 가운데 나와 함께 한 자가 없이 내가 홀로 포도즙틀을 밟았는데 …… 분함으로 말미암아 짓밟았으므로 그들의 선혈이 내 옷에 튀어 내 의복을 다 더럽혔음이니"라고 되어 있습니다.

이 얼마나 무서운 말씀입니까? 하나님의 경멸과 증오 및 의분을 이보다 더 강력히 표현하고 있는 말씀도 아마 없을 것입니다.

이 말씀은 여러분이 하나님께 아무리 간절하게 자비와 긍휼을 구해도 하나님께서 비탄에 잠겨 있는 여러분을 불쌍히 여기지 않으실 것이라는 뜻입니다. 아니 최소한의 관심이나 호의조차 나타내지 않으실 것이라는 뜻입니다. 오히려 하나님은 여러분을 발밑에 두고 짓밟으실 것이라는 뜻입니다.

물론 하나님은 여러분이 여러분을 밟고 계신 그분의 무게를 견디지 못할 것이라는 사실을 알고 계십니다. 그러면서도 그 점을 전혀 개의치 않으실 뿐 아니라 긍휼조차 베풀지 않으실 것이라는 뜻입니다. 여러분에게서 선혈이 튀어나올 때까지, 그 선혈이 그분의 왕복에 튀어 핏자국이 남게 될 때까지 짓밟을 것이라는 뜻입니다. 하나님께서 여러분을 증오하실 뿐 아니라 극도로 경멸하실 것이라는 뜻입니다. 마치 거리의 진창을 짓밟듯 그렇게 여러분을 발밑에 두고 짓밟으실 것이라는 뜻입니다. 그리고 오직 그것만이 여러분에게 합당한 처사라고 생각하실 것이라는 뜻입니다.

3. 여러분이 당하게 될 그 비참은 여호와의 진노가 얼마나 무서운지를 보여 주기 위한 것입니다.

하나님은 천사들과 인간들에게 하나님의 사랑이 얼마나 빼어나며 또한 그분의 진노가 얼마나 무서운지 이 두 가지를 다 보여 주기로 정하신 것입니다. 이 세상 왕들도 반역하는 자들을 극형에 처함으로써 그들의 진노가 얼마나 가혹한지 보여 주려 하지 않습니까? 예를 들어 막강한 권력을 누리던 갈대아 제국의 오만한 왕 느부갓네살을 보십시오. 사드락과 메삭과 아벳느고 때문에 화가 나자, 자신의 분노가 어느 정도인지 보여 주기 위해 풀무 불을 이전보다 칠 배나 더 뜨겁게 하라고 명하지 않았습니까? 아마 그것은 인간이 생각해 낼 수 있는 분노 중 가장 맹렬한 분노였을 것입니다.

하나님 역시 마찬가지로 그분의 맹렬한 진노를 기꺼이 보여 주려 하십니다. 그래서 원수들에게 극한 고통을 가하심으로써 하나님의 크신 위엄과 권능을 최대한으로 나타내십니다.

로마서 9장 22-23절 말씀을 보십시오. "만일 하나님이 그의 진노를 보이시고 그의 능력을 알게 하고자 하사 멸하기로 준비된 진노의 그릇을 오래 참으심으로 관용 …… 하셨을지라도 무슨 말을 하리요."

이것이 하나님의 계획이기 때문에, 즉 여호와의 억제되지 않은 맹렬한 진노가 얼마나 무섭고 끔찍한 것인지를 보여 주기로 결정하셨기 때문에, 하나님은 그 일을 반드시 행하실 것입니다.

수많은 증인이 보는 가운데 그 끔찍한 일이 이루어질 것입니다. 그 크신 하나님이 대노하여 가련한 죄인에게 무서운 보복을 가하실 때, 그래서 그 불쌍한 죄인이 정말 하나님의 무한하신 진노의 위력과 중압감을 느끼게 될 때, 하나님은 온 우주를 불러 그 죄인이 당하는 고통 가운데 드러난 하나님의 크신 위엄과 권능을 보라고 하실 것입니다.

이사야 33장 12절에서 14절을 보십시오. 그러면 이것이 사실임을 알게 될 것입니다. "민족들은 불에 굽는 횟돌 같겠고 잘라서 불에 사르는 가시나무 같으리로다 너희 먼 데에 있는 자들아 나의 행한 것을 들으라 너희 가까이에 있는 자들아 나의 권능을 알라 시온의 죄인들이 두려워하며 경건하지 아니한 자들이 떨며 이르기를 우리 중에 누가 삼키는 불과 함께 거하겠으며 우리 중에 누가 영영히 타는 것과 함께 거하리요 하도다."

여러분 가운데 혹시 아직 회심하지 않은 분이 계십니까? 만일 계속 회심하지 않은 채 그대로 있으면 바로 이 일이 여러분에게 임하게 될 것입니다.

그리고 그 형언할 수 없는 고통 속에서 여러분은 전능하신 하나님의 무한한 권능과 위엄과 가공할 두려움을 보게 될 것입니다. 여러분은 거룩한 천사들 앞에서, 그리고 어린양 되신 그리스도 앞에서 그 고통을 당하게 될 것입니다. 여러분이 그 고통을 당하고 있을 때, 영화롭게 된 천국 백성들이 앞으로 나아와 그 끔찍한 광경을 목도하고 전능하신 분의 맹렬한 진노가 어떠한지 알게 될 것입니다. 그리고 땅에 엎드려 그분의 그 크신 위엄과 권능을 찬

양하게 될 것입니다. 이사야 66장 23절과 24절 말씀처럼 말입니다. "여호와가 말하노라 매월 초하루와 매 안식일에 모든 혈육이 내 앞에 나아와 예배하리라 그들이 나가서 내게 패역한 자들의 시체들을 볼 것이라 그 벌레가 죽지 아니하며 그 불이 꺼지지 아니하여 모든 혈육에게 가증함이 되리라."

4. 그 진노는 영원토록 지속되는 진노입니다.

전능하신 하나님의 이런 맹렬한 진노는 한순간만 당해도 끔찍한 일일 텐데, 회심치 않은 자들이 당해야 할 그 무서운 비참함은 끝이 없습니다.

여러분은 여러분 앞에 놓여 있는 영원한 시간을 보고 그만 아연실색하며, 그 후로부터는 거기서 구원받을지도 모르겠다든가 아니면 그 형벌이 완화되거나 잠시 휴식을 취할 수 있을지도 모르겠다는 망상 따위는 아예 단념하게 될 것입니다. 그때 여러분은 이제 억겁의 세월 동안 전능하신 분의 무자비한 보복과 싸우며 지내야 한다는 사실을 분명히 알게 될 것입니다. 그리고 이처럼 오랜 세월 동안 싸우며 지낸 후에도 남는 것은 오직 하나, 즉 여러분이 당하고 있는 그 형벌은 정말 무한하다는 사실을 깨닫게 되는 것뿐입니다.

오, 세상의 어느 누가 이런 처지에 있는 영혼의 상태를 제대로 표현할 수 있겠습니까! 기껏 해봤자 실제 상황의 희미한 그림자 정도밖에 드러내지 못할 것입니다. 그것은 정말 우리의 상상을 초월하는 것으로, 도저히 말로 표현할 수 없는 것입니다. 누가 하나님의 진노의 권능을 알겠습니까?

매일 매시간 이 큰 진노와 무한한 비참 가운데 빠질 위험에 처해 있는 사람들의 상태에 대해 한번 생각해 보십시오. 얼마나 끔찍한 일입니까!

그런데 이건 지금 이 자리에 앉아 계신 분들 가운데 중생하지 않은 모든 분에게 해당되는 이야기입니다. 여러분이 도덕적으로 품행이 얼마나 방정하며 또 종교적으로 얼마나 열심이신지는 모르겠지만, 아무튼 이것은 사실입니다. 아, 여러분은 아직 젊다고요? 여기서 나이 같은 건 아무 상관없습니다.

여러분은 이 문제에 대해 반드시 생각해 보셔야 합니다. 왜냐하면, 지금 이 설교를 듣고 계신 여러분 중에 실제로 영원히 이 비참함 가운데 빠지실 분들이 많이 있기 때문입니다. 물론 우리는 누가 그렇게 될지 모릅니다. 그리고 그들이 지금 어느 자리에 앉아 있는지, 또 그들이 지금 무슨 생각을 하고 있는지도 전혀 모릅니다. 어쩌면 여러분 가운데서 이 모든 설교를 듣고도 아무 죄책감 없이 속 편히 앉아 "나는 그런 사람 속에 끼지 않는다, 나는 지옥에 떨어지지 않는다."라며 자위하고 있는 사람들이 바로 그 사람들일지도 모릅니다.

이 온 회중 가운데서 그런 비참함 가운데 빠질 사람이 오직 한 사람뿐이라면 어떨까요? 생각만 해도 끔찍하지 않겠습니까? 게다가 그 사람이 누구인지까지 안다면 얼마나 끔찍할까요! 아마 그 사람 얼굴도 제대로 쳐다보지 못할 것입니다. 그렇다면 그 사람을 제외한 우리 모두는 그를 불쌍히 여기며 소리 높여 통곡할 것입니다.

그런데, 맙소사! 그런 사람이 한 사람만 있는 게 아닙니다. 지옥에 가서 오늘 들은 이 설교를 기억할 사람들이 더 있습니다. 여러분 생각에는 몇 명이나 될 것 같습니까? 지금 이 자리에 계신 분 중 몇 명이 머지않아, 예를 들어 올해가 다 가기 전에 지옥에 가지 않는다면 그건 정말 놀라운 일일 것입니다. 그런데 만약 지금 아주 건강한 몸으로 편안히 하나님의 집에 앉아 계신 여러분 중 몇 명이 내일 아침이 밝기 전에 지옥에 간다면 그건 조금도 이상한 일이 아닐 것입니다.

여러분 중에 자연인 상태로 계속 남아 있을 사람들, 지옥에 가장 늦게 갈 거라고 생각하는 사람들이 실은 그곳에 제일 먼저 가게 될 것입니다. 지옥 형벌이 여러분을 기다리고 있습니다. 그것은 아마도 순식간에, 우리 중 많은 사람들에게 정말 갑자기 들이닥칠 것입니다. 사실 우리는 우리가 아직도 지옥에 떨어지지 않고 여기 남아 있다는 사실에 대해 의아하게 생각해야 합니다.

우리 교인 중 지금은 지옥에 가고 없는 사람들의 경우를 생각해 보십시오. 그들이 여러분보다 더 지옥에 가야 마땅한 사람들이었기 때문에 그곳에 갔다고 생각하십니까? 절대 그렇지 않습니다. 그 사람들도 지금 여기 앉아

이 메시지를 듣고 있는 여러분처럼 아주 건강한 사람들이었습니다. 한 가지 다른 점이 있다면 그들에게는 이제 모든 소망이 다 끊겼다는 것입니다.

그들은 지금 극도의 비참함과 완전한 절망에 빠져 울부짖고 있는 반면, 여러분은 이렇게 살아서 하나님의 집에 앉아 있을 뿐 아니라 구원받을 기회까지 가지고 있습니다. 만일 이미 지옥에 떨어져 모든 소망이 다 끊긴 저 불쌍한 영혼들이 지금 여러분이 즐기고 있는 날의 단 하루만이라도 얻을 수 있다면, 아마 그들은 그 하루의 기회를 얻기 위해 어떤 희생이든 감수하려 들 것입니다.

지금 여러분은 아주 특별한 기회를 가지고 있습니다. 그리스도께서 긍휼의 문을 활짝 열고 서서 큰 목소리로 불쌍한 죄인들을 부르시는 시대에 살고 있습니다. 수많은 사람들이 그리스도께 몰려들어 하나님의 나라로 행진해 들어가는 시대에 살고 있습니다.

매일 동서남북으로부터 수많은 사람들이 하나님의 나라로 들어가고 있습니다. 그중에는 여러분처럼 아주 비참한 상태에 있다가 최근에 회심하여 행복해진 사람들도 많이 있습니다. 지금 그들 가슴은 자기들을 사랑해 주신 주님을 향한 사랑으로 가득 차 있습니다. 주님의 보혈로 죄를 씻음받은 그들은 하나님의 영광의 소망 가운데서 즐거워하고 있습니다.

이런 가운데 홀로 뒤에 남아 있다니 얼마나 끔찍한 일입니까! 다른 많은 사람들은 잔치에 참여하고 있는데 여러분은 초췌한 모습으로 멸망해 가면서 그 광경을 바라보아야 하다니! 다른 많은 이들은 기뻐 뛰며 찬양하고 있는데 여러분은 슬피 애통하는 가운데 그 모습을 바라보아야 하다니! 이런 판국에 어떻게 그렇게 태평할 수 있습니까? 지금 수필드에서는 매일 많은 사람들이 그리스도께 몰려오고 있는데, 여러분 영혼은 그들 영혼만큼 소중하지 않단 말입니까?

지금 이 자리에는 연세가 많음에도 불구하고 아직 중생하지 않은 분들이 많이 있습니다. 그렇지 않습니까? 이스라엘의 이방인들처럼 그동안 살아오면서 저주의 날에 임할 진노를 쌓은 것 외에는 아무것도 한 것이 없는 사람들이 많이 있습니다. 그렇지 않습니까?

오, 연세가 지긋하신 여러분, 여러분은 특히 위험합니다. 여러분은 그동안 심히 많은 죄를 범했으며 그 마음 역시 극도로 강퍅합니다. 하나님께서 그분의 긍휼을 이처럼 놀랍게 베풀고 계신 이 시대에도, 여러분처럼 나이 든 분들이 전반적으로 구원받지 못한 채 죽는 것을 여러분 눈으로 직접 목격하지 않습니까? 이제 여러분 자신에 대해 생각해야 할 때입니다. 잠에서 깨어 정신 차려야 할 때입니다. 여러분은 무한하신 하나님의 그 맹렬한 진노를 도저히 견디지 못할 것입니다.

그리고 청년 여러분, 또래의 다른 많은 청년들이 지금 젊은 시절의 덧없고 허망한 모든 것들을 거부한 채 그리스도께 몰려오고 있습니다. 그런데 여러분은 여러분이 향유하고 있는 그 소중한 시기를 등한히 여길 예정입니까? 청년들이야말로 정말 특별한 기회를 가지고 있습니다. 그런데 만일 그것을 등한히 여긴다면, 여러분도 곧 다른 사람들처럼, 즉 그 소중한 젊은 시절을 죄 가운데 다 탕진해 버린 채 이제는 눈멀고 강퍅해진 마음으로 비참하게 죽어가는 사람들처럼 되고 말 것입니다.

그리고 이곳에 있는 어린이 중 회심하지 않은 어린이 여러분, 지금 매일 밤낮으로 여러분에게 분노하고 계신 하나님의 무서운 진노를 향해 지옥으로 달려가고 있다는 사실을 모르고 있습니까? 이 땅에 있는 다른 많은 어린이들은 지금 회심하여 왕의 왕 되신 하나님의 거룩하고 행복한 자녀가 되고 있는데, 여러분은 그냥 마귀의 자녀로 남아 있을 것입니까?

자, 여러분, 할아버지나 할머니, 아주머니나 아저씨, 청년이나 어린이 할 것 없이, 자기는 지금 그리스도 밖에 있으며 지옥 구덩이 위에서 하나님 손에 붙들려 있다고 생각되는 사람들은 모두 다 큰 소리로 부르시는 하나님의 말씀과 섭리에 귀 기울이십시오. 지금은 주님이 받으실 만한 때입니다. 그러나 이때가 어떤 이들에게는 큰 은혜의 때가 될 수 있지만, 또 어떤 이들에게는 놀라운 복수의 날이 될 수도 있습니다. 만일 우리가 우리 영혼을 등한히 여긴다면, 이런 은혜의 때에 우리 마음은 점점 더 강퍅해져 더욱더 죄를 짓게 될 것입니다. 하나님은 어떤 사람들을 그 마음의 완악한 대로 내버려두사 깨닫지 못하게 하시기도 하는데, 이런 사람이 되는 것보다 더 위험한 일도 결코 없습니다.

하나님은 지금 사방으로부터 그의 택한 자들을 급히 불러 모으고 계십니다. 그리고 지금은 그 어느 때보다도 훨씬 더 많은 어른들이 단기간에 하나님 나라로 들어가게 될 것입니다. 사도 시대에 유대인들에게 성령이 크게 임하셨던 것처럼 이제는 그렇게 성령이 크게 임하실 것입니다. 하나님이 택한 자들은 성령을 받을 것이요 나머지 사람들은 눈이 멀어 그것을 보지 못할 것입니다. 만일 여러분이 후자에 속한 사람이라면, 이 날을 영원히 저주할 것이요, 여러분이 태어난 날을 저주할 것이며, 하나님의 성령이 쏟아져 내리는 때를 보느니 차라리 그것을 보기 전에 죽어 지옥으로 가고 싶다고 할 것입니다.

지금은 틀림없이 세례 요한의 때처럼 도끼가 아주 특별하게 나무 뿌리에 놓여 있는 때입니다. 그래서 좋은 열매를 맺지 아니하는 나무마다 베여 불에 던지울 것입니다.

따라서 여러분 중에 아직도 그리스도 밖에 계신 분들은 모두 깨어 장차 임할 진노로부터 도망하십시오. 지금 여기 계신 분들 중 많은 분들 위에 전능하신 하나님의 진노가 임할 거라는 사실에는 의심의 여지가 없습니다. 그러니 우리 모두 소돔으로부터 도망합시다. "도망하여 생명을 보존하라 돌아보거나 들에 머물지 말고 산으로 도망하여 멸망함을 면하라"(창 19:17).

1741년 7월 8일
코네티컷 주 엔필드에서

죄인들에게 임할

피할 수도, 견딜 수도 없는 형벌

The Future Punishment
of the Wicked Unavoidable and Intolerable

"내가 네게 보응하는 날에 네 마음이 견디겠느냐
네 손이 힘이 있겠느냐
나 여호와가 말하였으니 내가 이루리라"

_에스겔 22장 14절

에스겔 22장 1절에서 13절까지에는 예루살렘이 그동안 범한 끔찍한 죄들이 죽 열거되어 있습니다. 그리고 오늘 본문의 바로 앞 구절인 13절에 보면, 그들이 범한 불법들에 대한 하나님의 불쾌한 심정과 함께 그들에게 임할 무서운 저주가 적혀 있습니다.

"네가 불의를 행하여 이익을 얻은 일과 네 가운데에 피 흘린 일로 말미암아 내가 손뼉을 쳤나니."

여기서 하나님이 손뼉을 치셨다는 표현은 곧 하나님이 크게 진노하셨으며 그들이 범한 끔찍한 죄에 대해 벌을 내리시려 함을 말해 줍니다. 이것은 아주 끔찍하고 무서운 것, 도저히 묵인할 수 없는 불의, 우리 마음에 의분과 적개심을 불러일으키는 불의를 보거나 들을 때 깜짝 놀라는 것을 나타냅니다. 그럴 때 사람들은 분연히 일어나 손뼉을 치며 저주함으로써, 참을 수 없는 의분과 그런 불의를 행한 자들에게 반드시 보복하고야 말겠다는 결심을 표현합니다. 마치 에스겔 21장 17절에 나오는 "나도 내 손뼉을 치며 내 분노를 다 풀리로다"라는 말씀처럼 말입니다.

그런 다음 오늘 본문인 에스겔 22장 14절에는 이스라엘 백성이 당하게 될 형벌이 기록되어 있습니다.

1. 그들이 당하게 될 형벌의 성격을 일반적으로 말하자면, 하나님이 이 형벌을 통해 그들을 다루시기로 했다는 것입니다. 즉 여기서 하나님은 예루살렘에 있는 죄인들을

다루시겠다고 말씀하고 계십니다. 선지자들은 그들을 어떻게 할 수 없었습니다. 그동안 하나님이 선지자를 계속 보내셨지만, 그 죄인들은 너무 완고하고 강해서 그들의 말을 듣기는커녕 오히려 그들을 때리고 죽였습니다. 따라서 이제 하나님께서 친히 그들을 다루시겠다는 것입니다.

2. 그들이 받게 될 형벌의 구체적인 성격은 다음 세 가지로 나타나 있습니다. 즉 그 형벌은 도저히 견딜 수 없는 형벌이라는 것, 구제 방법이 전혀 없는 형벌이라는 것, 도저히 피할 수 없는 형벌이라는 것입니다.

(1) 본문 말씀 중 "네 마음이 견디겠느냐"라는 표현 속에, 그 형벌은 도저히 견딜 수 없는 형벌이라는 사실이 잘 나타나 있습니다.

(2) "네 손이 힘이 있겠느냐"라는 말씀 속에, 그 형벌로부터 구제되는 것은 불가능하며 또 무슨 수를 써도 그 형벌을 완화시킬 수 없다는 사실이 잘 나타나 있습니다.

(3) 그 형벌을 도저히 피할 수 없을 거라는 사실은 "나 여호와가 말하였으니 내가 이루리라"라는 말씀 속에 잘 나타나 있습니다.

오늘의 본문이 가르치는 교훈

하나님께서 친히 완고한 죄인들을 다루기로 결정하셨기 때문에, 그들은 그 무섭고 비참한 형벌을 피할 수도, 그 비참함으로부터 자신을 구해 낼 수도, 또 그 형벌을 견뎌낼 수도 없습니다. 여기서 저는 다음과 같은 사실들을 다루고자 합니다.

첫째, 하나님께서 친히 완고한 죄인들을 다루시기로 했다는 것이 무엇을 의미하는가?
둘째, 그들은 그 형벌을 피할 수 없다.
셋째, 그들은 그 형벌로부터 자신을 구하거나, 그 형벌을 완화시키기 위해 할 수 있는 일이 전혀 없다.
넷째, 그들은 그 형벌을 견디지도 못한다.
다섯째, 제기되는 질문에 대한 답변.

1. 우선 하나님께서 완고한 죄인들을 다루시기로 했다는 말씀 속에 무엇이 함축되어 있는지 살펴보겠습니다. 다른 사람들은 그 완고한 죄인들을 어떻게 할 수 없습니다. 그들은 자신들을 가르치고 다스리도록 임명된 사람들이 무슨 말을 해도 듣지 않습니다. 부모에게 순종하지 않는 것은 물론이요 사역자의 충고나 경고나 책망도 듣지 않습니다. 그들은 아주 완고하고 완악합니다. 따라서 하나님께서 친히 그들을 다루시겠다는 것입니다. 이것은 다음과 같은 사실들을 암시하고 있습니다.

(1) 하나님께서 그들을 형벌로 다루심으로써 그분의 공의를 만족시키실 거라는 뜻입니다. 하나님은 이 세상에서 그들에게 명령하고 순종을 요구할 권위를 갖고 계시며 그 권위를 행사하십니다. 이때 이러이러한 의무들을 수행하되 그 의무들에 반(反)하는 이러이러한 것들은 하지 말라고 명령하십니다. 그런데 그들은 하나님의 이러한 명령들을 거들떠보지도 않습니다. 하나님은 계속해서 명령하십니다. 그러나 그들은 계속 반항하며 하나님의 권위를 완

전히 무시합니다. 그래서 하나님은 그들에게 벌을 내리겠다고 말씀하시지만 그들은 그 말씀마저 무시합니다. 그들은 하나님을 전혀 존중하지 않습니다. 자신의 소위가 하나님의 이름을 얼마나 욕되게 하는지에 대해서도 전혀 개의치 않습니다.

이때 하나님은 그들에게 회개하고 돌아오면 긍휼을 베풀겠다고 말씀하십니다. 그러나 그들은 벌을 내리겠다는 그분의 말씀을 무시했듯이 긍휼을 베풀겠다는 말씀 또한 무시합니다. 하나님은 계속 돌아오라고 부르시지만 그들은 계속 거절합니다. 이렇게 해서 점점 더 많은 죄의 빚을 지게 됩니다. 그러면서 동시에 그 빚을 갚지 않아도 될 거라고 상상하며, 하나님으로부터 그분의 권리를 완전히 앗아버리려 합니다.

그러나 하나님께서 자신을 위해 그 모든 것을 바로잡으실 것입니다. 하나님이 친히 그들을 다루시며 그들이 하나님께 그 채무를 갚는 것을 보실 것입니다. 그들이 지은 모든 죄가 하나님의 책에 기록되어 있으며, 그중 어느 하나도 잊혀지지 않습니다. 그들은 그 죄의 빚을 모두 갚아야 하는데, 하나님이 정말 지혜롭고 강한 분이시라면 반드시 그 빚을 받아내실 것입니다. 마지막 한 닢까지 다 받아내실 것입니다.

하나님은 이것을 그분의 임무로, 그분에게 속한 것으로 보십니다. 또한 "내가 보복하리라"라는 신명기 32장 35절과 "여호와는 자기를 미워하는 자에게 지체하지 아니하시고 당장에 그에게 보응하시느니라"는 신명기 7장 10절처럼, 그동안 부당한 대접을 받은 데 대한 정당한 대가로 보십니다.

(2) 이 구절에는 하나님께서 죄인들이 존중하지 않는 그분의 위엄을 친히 회복할 거라는 뜻이 함축되어 있습니다. 그 완고한 죄인들이 하나님의 위엄을 멸시합니다. 그들은 하나님이 크신 하나님이라는 소리를 듣고도 그분의 위대하심을 멸시합니다. 하나님을 경멸할 대상으로 간주하고 그에 따라 그분을 대접합니다. "위대하신 왕"이라는 하나님의 이름을 듣고도 그분의 권위를 존중하지 않을 뿐 아니라 그 이름을 짓밟기까지 합니다.

그러나 하나님은 그분의 영화로운 위엄이 그들 손에 의해 좌지우지되도록 내버려두시지 않습니다. 그들이 지금 하나님의 이름을 짓밟고 있다 해서 그분의 이름이 완전히 땅에 떨어지는 것은 아닙니다. 만일 하나님이 그분의 이름을 그들 손에 완전히 맡겨 버리셨다면, 아마 그분의 이름은 땅에 떨어지고 말 것입니다. 그러나 하나님은 그분의 명예와 영광을 원수들 손에 맡겨 두시지 않습니다.

하나님 눈에는 그분의 명예와 영광이 너무 귀하기 때문에 그렇게 무시될 수 없습니다. 그래서 그것을 친히 주관하십니다. 즉 하나님은 자신의 손상된 위엄이 다시 회복되는 것을 반드시 보실 것입니다. 만일 하나님의 명예가 죄인들 발에 그대로 짓밟혀 버린다면, 그건 하나님이 자신의 이름을 회복하실 만큼 강하지 않다는 뜻이 될 것입니다. 그러나 하나님은 민수기 14장 21절에서 다음과 같이 맹세하셨습니다. "진실로 내가 살아 있는 것과 여호와의 영광이 온 세계에 충만할 것을 두고 맹세하노니."

죄인들은 하나님의 아들을 멸시할 뿐 아니라 발로 짓밟기까지 합니다. 그러나 하나님께서 그 아들의 영광을 죄인들에게 나타나게 하실 것입니다. 하나님의 아들을 경멸하는 것이 얼마나 악한 일인지 온 땅이 알게끔 하실 것입니다. 하나님은 온 하늘과 온 땅에 있는 모든 천군천사 및 인간들에게 다음과 같은 사실을 보여 주려 하십니다. 즉 하나님은 지금 현재 그분을 멸시하고 있는 죄인들에게 자신의 광대하심을 나타내기에 충분한 분이라는 사실을 보여 주려 하십니다. 하나님은 죄인들이 한 행동의 마지막 결과를 모든 인간들이 볼 수 있도록 공개적으로 드러내려 하십니다.

(3) 또 이 속에는 하나님께서 완고한 죄인들을 복종시키기로 하셨다는 뜻이 함축되어 있습니다. 그들은 이 세상에 사는 동안 하나님께 전혀 순종하지 않습니다. 머리를 빳빳이 치켜들고 경멸하는 듯한 표정으로 아주 오만불손하게 행동합니다. 또 고압적인 자세로 죄를 범할 때도 많습니다. 그런가 하면 하늘을 향해 입을 벌리고 온 땅을 돌아다니며 함부로 말합니다. 특히 바로처럼 "여호와가 누구이기에 내가 그의 목소리를 듣겠느냐 나는 여호와를 알

지 못한다"(출 5:2 참조)라고 말하고 다닙니다. 또 욥기 21장 14절에 나와 있는 것처럼 말합니다. "그러할지라도 그들은 하나님께 말하기를 우리를 떠나소서 우리가 주의 도리 알기를 바라지 아니하나이다." 어떤 사람들은 그럴 듯한 허우대로 자신의 죄를 감춘 채 아주 믿음 좋은 사람처럼 점잖은 표정으로 행동하지만, 그 마음속 깊은 곳에는 이런 오만불손한 정신으로 가득 찬 사람들이 있습니다.

그들은 겉으로는 아주 공평하고 선량해 보이지만, 마음속으로 하나님을 멸시하며 무기를 소지하고 있습니다. 은밀한 원수로서 항상 가슴에 칼을 품고 다닙니다. 그들은 그 마음이 거만하고 완고하며 반항적이어서 언제나 하나님을 반대하며 논쟁을 일삼고 그분의 섭리에서 흠을 발견하려 합니다.

그들의 마음에는 오만과 미움과 완고한 고집과 하나님을 모독하는 생각들이 가득 차 있습니다. 그것은 여러 가지 방식으로 역사하는데, 심지어 하나님의 말씀이 선포되는 것을 듣고 있을 때나 하나님의 영이 그들과 씨름할 때조차 이런 것들이 역사합니다. 그들은 이 세상에 사는 동안 항상 하나님을 대적하고 반항합니다. 그들은 반항이라는 무기를 절대 내려놓지 않습니다.

그러나 하나님께서 그들을 다루시어 마침내 복종시키기로 작정하셨습니다. 따라서 하나님의 말씀의 능력에 굴복하기 싫어하는 오만하고 완고한 마음을 가진 자들은 결국 하나님의 손에 의해, 그분의 능력에 의해 꺾이고 말 것입니다. 즉 하나님의 왕권을 나타내는 황금 홀의 지배를 기꺼이 받으려 들지 않는다면, 사람을 끌어당기는 그분의 사랑의 매력에 굴복하지 않는다면, 결국 자신이 원하든 원치 않든 쇠 막대기로 다스림을 받게 될 것입니다.

하나님은 거만하게 자신의 의를 내세우며 하나님을 대적하고 자신의 뜻을 내세우는 자들을 그 오만의 자리에서 끌어내리기로 이미 작정하셨습니다. 따라서 그 일은 반드시 시행될 것입니다. 하나님은 지금 현재 그분을 전혀 개의치 않는 자들로 하여금 마침내 그분을 공경하게 만들기로 작정하셨습니다. 따라서 조만간에 그들은 하나님이 여호와이심을 알게 될 것입니다. 지금은 하나님이 여호와이심을 인정하지 않을지 모르지만, 곧 "여호와여 주의 손이 높이 들릴지라도 그들이 보지 아니하오나 …… 그들이 보게 될 것이라"(사 26:11 참조)라는 말씀처럼 그분이 여호와이심을 보게 될 것입니다.

지금 현재 악한 자들은 하나님을 증오할 뿐 아니라 그분을 무시하기까지 합니다. 그들은 하나님을 두려워하지 않습니다. 그러나 하나님께서 친히 그들의 이런 멸시를 제거하실 것입니다. 하나님이 그들을 다루시게 될 때, 그들은 여전히 하나님을 증오할 것입니다. 그러나 감히 그분을 멸시하지는 못할 것입니다. 지금처럼 하나님의 능력을 우습게 여기지는 못할 것입니다. 도저히 우습게 볼 수 없는 그분의 무한하신 능력을 직접 보고 느끼게 될 것입니다.

지금은 하나님이 벌을 내리겠다고 말씀하셔도 그것을 아주 우습게 여기지만, 그때가 되면 더 이상 우습게 여기지 못할 것입니다. 우습게 여기기는커녕 하나님이 하신 말씀이 참말이라는 사실을 충분히 체험하게 될 것입니다. 즉 그만한 대가를 치르고서야 이 교훈을 배우게 될 것입니다. 그리고 그 교훈을 절대 잊어버리지 못할 것입니다.

(4) 또 그 속에는 하나님께서 그들의 생각을 고쳐 주시 겠다는 뜻도 포함되어 있습니다. 지금 그들은 하나님께서 성경을 통해 그들에게 말씀하시는 것들을 믿지 않으려 합니다. 목회자들이 갖은 방법을 다 써서 그들을 설득하려 해도 모두 허사입니다. 따라서 하나님께서 친히 하나님이 하신 말씀이 사실임을 확신시켜 주시되 그들로 하여금 확실히 알게 해주실 것입니다. 지금은 하나님이 말씀하신 것들이 진리임을 믿지 않으려 합니다. 그동안 납득이 갈 만큼 충분한 설명도 들었고, 또 믿고 확신하기에 충분할 만큼 보고 듣기도 했건만, 여전히 불신하며 무신론으로 기웁니다. 하나님이 말씀하신 것들이 사실처럼 보이지 않습니다. 그러나 하나님께서 이제 이후로 그것들이 사실임을 보여 주실 것입니다.

지금은 그것이 정말 하나님의 말씀인지, 거기 적혀 있는 위협들이 정말인지 의문을 제기하며 성경의 진리를 항상 의심하고 있지만, 하나님께서 그것들이 진실임을 그들에게 친히 확신시켜 주실 것입니다. 그것들이 진실임을 깨닫게 하실 것입니다.

그래서 이후로는 성경의 진리를 더 이상 의심하지 못하게 하실 것입니다. 이처럼 그들은 체험이라는 비싼 대가를 치르고서야 비로소 그것들이 사실임을 확신하게 될 것입니다. 그러나 지금은 지옥 같은 데가 어디 있느냐며 항상 의문을 던집니다.

지옥에 대해 많이 들어도 그것이 늘 꿈처럼 생각됩니다. 그러나 그것은 꿈이 아니라 사실이라는 것을 하나님께서 친히 깨닫게 해주실 것입니다. 지금은 이 세상의 허망함에 대해 들어도 소 귀에 경 읽기 식으로 들은 척도 하지 않지만, 하나님께서 이것도 확신시켜 주실 것입니다. 장차 그들로 하여금 그것이 사실임을 철저히 깨닫게 하시되, 세상의 모든 것들이 얼마나 허망한 것인지 뼈저리게 느낄 수 있도록 해주실 것입니다.

지금은 사역자들이 그리스도에게 관심을 갖는 것이 얼마나 중요하고 필수적인 일인지, 이 세상에 절대적으로 필요한 유일한 것이라는 사실에 대해 죄인들에게 자주 말합니다. 그리고 자기 영혼 보살피는 일을 자꾸 연기하는 것이 얼마나 어리석은 짓이며, 설교를 듣고 그것을 그들의 영혼 성장을 위한 기회로 삼는 것이 얼마나 중요한지에 대해서도 말합니다. 그러나 사역자들이 아무리 설교하고 가르쳐도 믿으려 들지 않기 때문에, 하나님께서 친히 그것을 확신시켜 주실 것입니다.

이 세상에 사는 동안 지옥이 얼마나 끔찍하고 무서운 곳인지에 대해 많이 듣지만, 완고한 죄인들은 그곳이 사역자들이 말하는 것처럼 그렇게 무섭고 끔찍한 곳이라는 사실을 믿으려 들지 않습니다. 자기들이 그처럼 아프고 끔찍한 고통을 영원히 당하게 될 거라는 생각을 전혀 하지 않습니다. 그러나 그들은 조만간에 사역자들이 하나님의 말씀에 근거해 설명한 그 고통들이 정말이라는 사실을, 겁을 주기 위해 일부러 꾸며서 한 말이 아니라는 것을 체험을 통해 깨닫게 될 것입니다. 성경에 있는 저주의 말씀들이 정말 문자 그대로 끔찍한 것이라는 사실을 알게 될 것입니다.

하나님께서 친히 죄인들을 다루기로 작정하셨고 이런 것들에 대한 그들의 생각을 고쳐 주기로 작정하셨기 때문에, 그 일을 하시되 철저히 하실 것입니다. 왜냐하면 하나님은 무엇을 하시든 항상 완벽하게 하시기 때문입니다. 하나님은 무슨 일이든 대충 하시는 법이 없습니다. 따라서 죄인들을 다루실 때도, 그들을 심판하시기 전에 이미 그들이 정신을 차리고 다시는 이전에 범했던 오류에 빠져드는 일이 없도록 분명하게 확신시켜 주실 것입니다. 그들은 자신이 지금 현재 가지고 있는 생각들을 즐긴 것이 얼마나 어리석고 어리석은 일이었는지 확실히 깨닫게 될 것입니다.

이처럼 하나님께서 친히 완악한 불신자들을 다루시기로 했습니다. 그들은 지금 모든 것을 혼동하고 있지만 그걸 보고 낙심할 필요는 없습니다. 조금만 기다리십시오. 하나님께서 그 모든 것들을 바로잡으실 것입니다. 아무 벌도 받지 않은 채 계속해서 그렇게 반항하며 하나님을 멸시할 수는 없을 것입니다.

때가 되면 하나님께서 친히 그분의 명예를 회복하실 것입니다. 그때 죄인들은 유죄선고를 받고 자신이 한 일에 대해 해명해야 할 것입니다.

하나님이 심판하시지 않을 죄는 하나도 없습니다. 심지

어 그들이 한 무익한 말까지 심판하실 것입니다. 따라서 그들은 마태복음 12장 36절처럼 자신이 한 무익한 말 한마디 한마디에 대해 해명해야만 합니다. 하나님은 그들의 죄를 저울에 다시고 그 죄를 변상하게 하심으로써 만족을 얻으시게 될 것입니다. 지금은 그들의 악한 소위에 대해 심판이 속히 거행되지 않기 때문에 그 마음이 악을 행하는 쪽으로만 완전히 향해 있지만, 때가 되면 공의로운 재판관이신 하나님께서 심판을 행하실 것입니다.

2. 따라서 완고한 죄인들은 그들이 받게 될 형벌을 절대 피하지 못할 것입니다. 하나님께서 그들에게 심판을 내리기로 작정하셨습니다. 이미 그 일에 착수하셨습니다. 하나님은 그 일을 자신의 임무로, 자신의 소관으로 삼고 계십니다. 따라서 하나님께서 그 일을 행하실 것입니다. 하나님이 자신의 삶을 두고 맹세하셨으니 반드시 그 일을 행하실 것입니다. 그리고 하나님이 그만한 능력을 갖고 계신 분이라면, 하나님이 정말 살아 계신 분이라면 우리는 그 일이 실행되는 것을 틀림없이 보게 될 것입니다.

성경에 보면 하나님께서 완고한 죄인들을 벌하시겠다고 말씀하신 구절들이 많이 있는데, 예를 들면 다음과 같습니다. 신명기 32장 41절, "내 대적들에게 복수하며 나를 미워하는 자들에게 보응할 것이라." 신명기 7장 10절, "여호와는 자기를 미워하는 자에게 지체하지 아니하시고 당장에 그에게 보응하시느니라." 출애굽기 34장 7절, "그러나 벌을 면제하지는 아니하고." 나훔 1장 3절, "여호와는 노하기를 더디하시며 권능이 크시며 벌 받을 자를 결코 내버려두지 아니하시느니라."

오늘 본문을 보면 하나님께서 "나 여호와가 말하였으니 내가 이루리라"라고 말씀하고 계신데, 이것은 하나님이 하신 그 무서운 말씀들이 실제로 성취될 거라는 사실에 대해 조금도 의심할 여지를 남겨놓지 않고 있습니다. 악인들 중에는, 하나님이 말씀은 그렇게 하시지만 그들이 범한 죄에 대해 실제로 그렇게 무섭고 끔찍한 벌을 내리실 의향은 전혀 없으시고, 다만 겁을 주고 두렵게 하기 위해 그렇게 말씀하실 뿐이라고 생각하며 자신을 기만하는 사람들이 있습니다.

그러나 무한히 거룩하신 하나님께서, 즉 인생이 아니시니 식언치 아니하시고 헛되이 말씀하시지 않는 하나님께서, "나 여호와가 말하였으니 내가 이루리라," 즉 "단지 너희를 두렵게 하려는 것이 아니요 두려운 보응이 성취될 것이라"라고 말씀하시면서 동시에 자신의 마음과 다른 말씀을 하시며, 어떤 말씀을 하실 때 속으로는 그 말씀대로 하지 않으리라 생각하신다는 말입니까? 누가 감히 그런 신성모독적인 생각을 할 수 있습니까?

그럴 수 없습니다. 완고한 죄인들은 그런 헛되고 어리석은 자만을 버려야 합니다. 만약 죄인들을 다루시는 분이 무력하고 변하기 쉬운 존재인 인간이라면, 그들은 아마 어느 정도 자만하거나 그 두려운 형벌을 피할 방법을 모색할 수도 있을 것입니다. 그러나 그분은 전지전능하시고 변함이 없으신 하나님이시기 때문에 그런 모든 기대는 헛될 뿐입니다.

그들은 회심하지 않은 채 죽어도 천국에 몰래 들어갈 수 있으리라는 희망을 가질 수 없습니다. 회개하고 믿음을 가진 척함으로써 하나님을 속일 수 없으며, 착오로 인해 천국에 들어갈 수도 없습니다. 왜냐하면 하나님의 눈은 불꽃과도 같아서 모든 사람을 온전히 감찰하시며, 마음의 가장 깊은 곳까지 통달하시기 때문입니다.

그들은 동물들이 그러듯이 죽는 순간에 무(無)로 사라져 버림으로써 두려운 형벌을 피할 수 있다는 희망도 가질 수 없습니다. 실은 많은 악인들이 임종 시에 그런 기대를 가집니다. 만일 그렇다면 그런 죽음은 실제 죽음과 비교할 때 아무것도 아닐 것입니다. 그러나 그런 모든 기대는 헛된 것입니다.

그들이 육체를 떠날 때, 하나님의 부주의로 인해 형벌을 피할 수 있다는 희망도 가질 수 없습니다. 그들이 죽을 때, 하나님께서 신경 쓰셔야 할 일이 너무 많아서 그들에게 주의를 기울이지 못하고 간과하시며, 그래서 그들 영혼이 살짝 빠져나와 구석진 곳에 숨음으로써 하나님의 보응을 피할 수 있다는 희망은 어리석은 것입니다.

마지막 심판날에 많은 무리로 인해 복잡한 틈을 타, 산 속의 동굴이나 은밀한 땅굴 같은 데 숨을 수 있으리라는 희망도 가질 수 없습니다. 이렇게 숨어 있는 동안 그날의 여러 가지 다른 일들 때문에 아무도 그들에게 주의를 기울이지 않을 것이며, 그런 와중에 심판대 오른쪽에 있는 많은 신자들의 무리 가운데로 밀고 들어가 몰래 천국에 들어갈 수 있으리라는 기대는 전혀 할 수 없습니다.

하나님이 자신의 마음을 바꾸시거나 자신이 하신 말씀을 후회하실 수도 있을까요? 그런 일은 결코 없을 것입니다. 왜냐하면 하나님은 인생이 아니시니 식언치 않으시고 인자가 아니시니 후회가 없으시기 때문입니다. 어찌 그 말씀하신 바를 행치 않으시며 하신 말씀을 실행치 않으시겠습니까?

3. 완고한 죄인들은 하나님께서 말씀하신 그 형벌로부터 벗어날 수 없습니다. 그 형벌로부터 자신을 구출해 내기 위해 할 수 있는 일이 전혀 없으며, 또 그 형벌을 완화시킬 수도 없습니다. 이와 같은 사실은 오늘 본문에 나와 있는 "네 손이 힘이 있겠느냐"라는 말씀 속에 잘 나타나 있습니다. 우리는 우리 손으로 자신을 위해 어떤 것을 만들고 성취할 수 있지만, 지옥에 있는 악인들은 손에 힘이

없기 때문에 자신을 위해 아무것도 할 수 없습니다. 또 그곳에서 자신을 구해 낸다든가 그 형벌을 어느 정도 완화시킬 만한 힘도 없습니다.

(1) 완고한 죄인들은 그 싸움에서 자신의 원수인 하나님을 이길 수 없기 때문에 스스로를 구원해 낼 수 없습니다. 그들을 다루기로 작정하시고 그들에게 저주를 내리기 위해 허리띠를 졸라매신 하나님이 그들의 원수가 되실 것이요, 그분이 옳음을 입증해 줄 증인을 세우시고 원수로 처신하실 것입니다. 그들에게는 그 하나님께 대적할 만한 힘이 전혀 없습니다.

복음의 빛 아래 있으면서 자신의 영혼을 등한히 하며 사는 자들은, 마치 자기들이 이 땅을 떠난 후 하나님과의 관계를 바로잡을 수 있을 것처럼 행동합니다. "그러면 우리가 주를 노여워하시게 하겠느냐 우리가 주보다 강한 자냐"(고전 10:22). 그럴 수 없습니다. 그들에게는 그들을 대적하실 전능하신 하나님의 능력에 맞설 힘이나 능력이 전혀 없습니다.

(2) 완고한 죄인들에게는 하나님의 진노를 진정시킬 만한 힘도 없을 뿐더러, 그분의 맹렬한 저주를 조금이라도 누그러뜨릴 힘조차 없습니다. 하나님께 어떤 만족도 제공해 드릴 수 없을 것입니다. 즉 하나님께로부터 불쌍히 여기심을 받지 못할 것입니다. 아무리 그들이 부르짖어도 하나님이 듣지 않으실 것입니다. 하나님으로부터 호의를 얻어내거나, 자신이 진 빚 중 일부라도 갚기 위해 하나님께 드릴 만한 것이 하나도 없을 것입니다.

(3) 완고한 죄인들은 친구로서 그들을 위해 하나님께 중재해 줄 만한 사람을 하나도 발견하지 못할 것입니다. 이 세상에 살 동안에는 그들을 위한 중재자가 있으니 그분을 믿으라는 말을 종종 들었을 것입니다. 그러나 지옥에서는 그런 말을 전혀 들을 수 없습니다. 아무도 그들의 친구가 되어 주지 않을 것입니다. 지옥에서는 한 명의 친구도 갖지 못할 것입니다. 오직 원수만 있을 뿐입니다. 그들은 천국에도 친구가 없으며, 성도나 천사 중 어느 누구도 그들의 친구가 되어 주지 않을 것입니다. 설사 어느 성도나 천

사가 그들의 친구가 되어 준다 해도 아무 소용이 없을 것입니다. 왜냐하면 그들을 그 곤경으로부터 건져줄 만한 능력을 갖고 있는 피조물이 하나도 없음은 물론이요, 그들을 불쌍히 여길 피조물조차 없기 때문입니다.

(4) 또 완고한 죄인들은 절대 도망칠 수도 없습니다. 지옥이라는 감옥을 부수고 도망칠 만한 연장이 전혀 없습니다. 그들은 거기서 어둠의 사슬에 매인 채 영원히 살아야 합니다. 이 땅에서는 종종 감옥을 부수고 정의의 손을 벗어나는 범법자들이 있지만, 지금까지 지옥이라는 감옥에서 도망쳐 나온 사람은 한 사람도 없습니다. 그곳은 하나님의 감옥으로 유한한 능력의 소유자는 어느 누구도 손을 댈 수 없는 철창 같은 감옥입니다. 악인과 마귀들이 모두 힘을 합쳐 자물쇠를 부수고 나오려 해도 나올 수 없는 곳입니다. 지옥이라는 감옥 열쇠는 그리스도께서 갖고 계시기 때문입니다. 그곳은 "그가 닫으면 열 사람이 없는"(계 3:7 참조) 곳입니다.

(5) 또 완고한 죄인들은 그 감옥에서 고통을 완화시킬만한 아무것도 발견하지 못할 것입니다. 그곳에는 쉴 만한 곳도 없을 뿐 아니라, 집행유예도 없으며, 잠시나마 시원하게 있을 만한 곳, 즉 그 극한 고통에서 조금이나마 벗어날 만한 모퉁이조차 없을 것입니다. 그 고통스러운 곳에는 시원케 하는 샘물이나 강물도 전혀 없을 것이요, 위로가 될 만한 것도 전혀 없을 것입니다. 그리고 최소한의 선이나마 행할 수 있는 교제도 발견할 수 없을 것이요, 단 1분이라도 숨을 돌릴 만한 곳조차 없을 것입니다. 그들은 유황불 속에서 타는 듯한 고통을 당하게 될 것이요, 영원토록 밤낮으로 쉼 없이 고통을 당하게 될 것입니다.

 이처럼 완고한 죄인들은 하나님이 말씀하신 형벌을 피할 수 없을 뿐더러, 그 형벌로부터 자신을 구해 낼 수도 없으며, 그 형벌을 완화시킬 수도 없습니다.

 4. 완고한 죄인들은 그 형벌을 견딜 수도 없습니다. 그 형벌로부터 자신을 구해 낼 만큼 그 손이 강하지 못할 뿐더러, 그 형벌을 견딜 만큼 그 마음이 강하지도 못합니다.

사람들은 이 세상에서 재난을 만나면 우선 그것을 피해 보려고 합니다. 그러나 재난을 피하지 못하고 결국 당하게 되면 최대한 빨리 그 재난에서 벗어나려 합니다. 적어도 거기서 어느 정도 벗어날 수 있도록 대책을 강구합니다. 그러다가 그 재난에서 결코 벗어날 수 없다는 사실을 발견하게 되면, 즉 그 재난을 견디는 수밖에 다른 도리가 없다는 사실을 발견하게 되면, 모든 것을 체념하고 묵묵히 견디려 합니다. 즉 마음을 굳게 먹고 할 수 있는 한 그 재난을 잘 버텨 보겠다고 결심합니다.

그러나 만일 완고한 죄인들이 지옥에서 당하게 될 고통을 이런 식으로 생각한다면 그건 정말 큰 오산입니다. 지옥의 고통은 도저히 견딜 수 없는 고통이요 버틸 수 없는 고통입니다. 즉 견디기에는 너무 힘에 겨운 고통입니다. 예를 하나 들어보겠습니다.

엄청나게 큰 바위가 조그만 벌레 위에 "쿵" 하고 떨어진다고 합시다. 그 벌레가 바위 밑에서 안간힘을 쓰며 버텨보려 한다고 해서 과연 살아남을 수 있을까요? 도저히 그럴 수 없습니다. 바위가 떨어지는 즉시 산산조각 나고 말 것입니다. 그런데 저주받은 불쌍한 영혼이 전능하신 하나님의 형벌 아래서 한번 버텨 보겠다고 노력하는 것은 이것보다도 더 헛된 일이 되고 말 것입니다.

지렁이 같은 인간이 어떻게 여호와의 능력에 대항해서, 그 맹렬한 진노에 대항해서 스스로 버틸 수 있단 말입니까? 무한하신 하나님의 능력이 짓누르는데 어떻게 그것을 견딜 수 있단 말입니까? 마태복음 21장 44절처럼 "이 돌 위에 떨어지는 자는 깨지겠고 이 돌이 사람 위에 떨어지면 그를 가루로 만들어 흩을" 것입니다.

죄인들은 지옥의 고통에 대해 들을 때, '글쎄, 만일 반드시 지옥에 가게 된다 해도 나는 그것을 견딜 수 있을 뿐 아니라 반드시 견뎌내고야 말거야.'라고 생각하기도 합니다. 즉 단단한 각오와 결심으로 맞서면 어느 정도 버틸 수 있을 거라고 생각합니다. 실은 자신에게 그런 용기나 결단이 하나도 없으면서 말입니다. 그들이 아무리 단단히 각오해도, 아무리 안간힘을 쓰며 버텨 보려 해도 그 저주를 느끼는 순간 즉시 간담이 서늘해지면서 가슴이 물처럼 녹아내릴 것입니다. 그 고통을 견뎌 보겠다고 얼마나 단단히 각오했든, 그 저주를 느끼는 순간 마음이 용광로 앞의 기름처럼 스르르 녹아내릴 것입니다.

그렇게 단단히 결심했던 각오와 용기가 순식간에 사라지고 말 것입니다. 정말 눈 깜빡할 사이에 사라지고 말 것입니다. 아무리 담대하고 강건한 자라도 약하디 약한 어린아이처럼 용기를 잃게 될 것입니다. 즉 어린아이든 거인이든 매한가지일 거라는 뜻입니다. 아무런 용기도, 힘도, 위안도, 희망도 계속 갖고 있지 못할 것입니다.

5. 여기서 당연히 제기될 수 있는 다음과 같은 질문에 답해 보도록 하겠습니다.

질문 : 완고한 죄인들이 장래의 형벌을 피할 수도, 그 형벌로부터 스스로를 구제할 수도, 그것을 견딜 수도 없다면 그들은 어떻게 되는 것입니까?

그들은 영원한 사망 속으로 완전히 가라앉을 것입니다. 지금의 우리로서는 도저히 상상할 수 없는 절망감을 느낄 것입니다. 우리 몸이 극한 고통을 당할 때 이것을 알 수 있습니다. 우리의 신체는 본질상 아주 심한 고통 속에서도 완전히 가라앉지 않고 상당 시간 버틸 수 있습니다. 물론 그 사이에 발작하듯 심하게 버둥대며, 탄식하듯 신음 소리를 내고 헐떡거릴 것입니다. 그건 우리의 몸이 생리적으로 극심한 고통 속에서 버티기 위해 안간힘을 쓰는 것입니다. 우리 몸은 생리적으로 굴복하는 것을 싫어합니다. 그대로 완전히 가라앉는 것을 참지 못합니다.

그러나 그 고통과 통증이 너무 심해서 도저히 버틸 수 없을 때가 옵니다. 기운이 점점 없어지는 게 아무리 싫어도 체력이 달려 도저히 견딜 수 없을 때가 옵니다. 그렇게 되면 마지막으로 단말마적으로 몇 번 발버둥이 치고 새된 소리로 한두 번 비명을 지른 다음, 격렬한 고통에 못 이겨 기운이 쇠잔해지다가 마침내 죽게 됩니다. 이것이 바로 우리 몸의 사망입니다.

지옥에서의 우리 영혼도 이와 같을 것입니다. 우리 영혼은 그곳에서 자신을 구출해 낼 힘도 능력도 전혀 없을 것입니다. 지옥에서 당하게 될 끔찍한 고통은 영혼이 갖고 있는 힘과 도저히 비교할 수 없을 정도로 강렬하고 극심하기 때문에, 그 고통을 견딜 만한 최소한의 힘도 없습니다. 따라서 기운이 완전히 없어져 그대로 침몰하는 것이 아무리 영혼의 본성 및 성향과 반대되는 것이라 해도, 우리 영혼은 완전히 침몰해 버리고 말 것입니다. 최소한의 위로나 힘이나 용기나 소망도 없이 말입니다. 비록 완전히 없어지는 것은 아니지만, 즉 그 존재와 인지능력은 절대 폐지되지 않지만 영혼은 무한히 깊은 심연 속으로 가라앉아 죽음의 상태, 즉 영원한 사망 상태에 있게 될 것입니다.

인간의 본성은 행복을 갈망합니다. 안녕과 복지를 바라고 소원하는 것이 영혼의 본성입니다. 따라서 비참한 가운데 있으면 그 비참함으로부터 벗어나기 위해 안간힘을 쓰게 됩니다.

그 비참함의 정도가 크면 클수록, 벗어나고자 하는 노력은 더욱 필사적이 됩니다. 그러나 거기서 벗어날 가망이 전혀 없고, 진이 다 빠져 더 이상 버틸 수 없게 되면 사망의 흑암 속으로 가라앉습니다.

이것은 우리의 상상을 초월하는 일입니다. 영혼이 이런 식으로 침잠한다는 것이 대체 어떤 건지 여러분도 상상이 가지 않을 것입니다. 그럼 한번, 이런 식으로 생각해 보십시오. 그것을 이해하는 데 조금이나마 도움이 될 것입니다. 즉 여러분 자신이 활활 타는 오븐이나 큰 용광로에 던져졌다고 생각해 보십시오.

거기서 여러분이 당하게 될 고통은 실수로 불이 붙은 석탄을 만졌을 때의 고통과 비교할 수 없을 것입니다. 그런데 여러분이 그 안에 들어가 15분 정도 누워 그 불길을 견뎌야 한다고 한번 상상해 보십시오. 그 용광로 속으로 들어갈 때 얼마나 무섭고 끔찍하겠습니까! 그 15분이 얼마나 길게 느껴지겠습니까! 거기 들어가서 1분간 그 불길을 견딘 다음 나머지 14분을 더 견뎌야 한다고 생각할 때, 얼마나 끔찍하게 느껴질지 한번 상상해 보십시오!

그런데 거기서 24시간 동안 누워 그 고통을 견뎌야 한다면, 그때 여러분 심정이 어떨 것 같습니까! 만일 1년을 그렇게 견뎌야 한다면, 그때의 심정은 또 어떨까요! 아마 수천 년 동안 그렇게 있어야 한다면, 1년을 견뎌야 할 때보다 훨씬 더 괴로울 것입니다. 그런데 그 고통을 영원히 견뎌야 한다고 생각해 보십시오. 수천 년을 견뎌야 한다고 생각할 때보다 훨씬 더 참담하고 암울한 심정이 될 것입니다. 그 고통은 끝나지 않을 것입니다. 그 고통은 수백만 년이 지나도 끝나지 않을 것이요, 여러분은 거기서 절대 벗어날 수 없을 것입니다.

그런데 여러분이 지옥에서 당하게 될 고통은 제가 지금까지 말씀드린 예와는 비교도 안 될 만큼 엄청나게 큰 고통입니다. 연약한 일개 피조물에 지나지 않는 우리는 그것을 볼 때 완전히 질려버릴 것입니다. 영혼이 그처럼 깊은 심연 속으로 가라앉아야 하다니, 도저히 상상할 수도 없는 일이요 뭐라고 말로 표현할 수도 없는 일입니다.

하지만 이것이 바로 율법에서 말하는 사망입니다. 이것이 바로 가장 극단적인 의미에서 죽어가는 것입니다. 이것은 사망을 실제로 느끼며 죽는 것이요, 죽으면서 그것을 아는 것이요, 그 사망의 어둠을 의식하며 죽는 것입니다. 이것은 파멸하는 것으로서, 멸망이라는 이름에 어울리는 사망입니다.

이처럼 도저히 견딜 수 없는 무한한 고통 아래로 영혼이 가라앉는 것, 이것이 곧 지옥의 음침함입니다. 성경에 나오는 캄캄한 흑암이 바로 이것입니다. 죄인들이 영원히 버림당하고 그 영혼들을 영원히 잃어버리는 것이 바로 이것입니다. 이것이 바로 하나님이 뜻하신 것입니다. 이에 해당되는 사람들은 완전한 버림을 당하게 될 것입니다.

적 용

 오늘의 주제는 완고한 죄인들을 깨우치는 데 적용될 수 있습니다. 지금까지 말씀드린 교리는 바로 완고한 죄인이요 불쌍한 죄인인 여러분에게 해당되는 것입니다. 즉 그동안 많은 자범죄를 범함으로써 엄청나게 많은 죄를 더 추가했다는 사실을 제외하고는, 아직도 이 세상에 태어날 때와 똑같이 비참한 상태에 있는 여러분을 두고 하는 말씀입니다. 지금까지 설교한 이 무섭고 끔찍한 일들은 모두 다 여러분에게 해당되는 것입니다. 이 땅에서 그리스도도 하나님도 믿지 않고 회심치 않은 채 여전히 이방인이요 나그네로 남아 있는 여러분에게 해당되는 것입니다. 지금 이 시간까지 여전히 하나님의 원수로 남아 있는 여러분에게 해당되는 것들입니다.

먼 곳에 있는 이들이나 이곳 가까이 있는 이들이 모두 그리스도를 향해 달려오고 있는 이 놀라운 은혜의 때에, 아직도 마귀의 자식으로 남아 있는 여러분에 대한 경고의 말씀입니다. 그동안 잘 알려진 이 사실들에 대해 귀가 따갑도록 들었지만 마음속에 경건의 능력이라고는 하나도 없는, 아니 경건의 능력이 무엇인지조차 모르는 여러분을 두고 하는 말씀입니다.

여러분이 젊었든 늙었든, 무명인이든 유명인이든 그런 것은 아무 상관없습니다. 만일 아직도 그리스도를 구세주로 영접하지 않았다면, 이것이 바로 여러분이 받게 될 저 주요 사망입니다. 여러분은 바로 이 지옥 위에 매달려 있으며 매순간 이 지옥에 떨어질 위험에 처해 있습니다.

여러분이 그처럼 눈이 먼 채 강퍅한 마음으로 조금만 더 죄 가운데 죽어 있으면, 곧 이 멸망이 바로 여러분 위에 임하게 될 것입니다. 하나님이 그렇게 하시겠다고 말씀하셨으니 그대로 이루어질 것입니다.

여러분이 아무리 속으로 '그런 일은 일어나지 않을 거야. 과장된 이야기겠지. 설마 그렇게 끔찍한 일이 일어나겠어?'라고 생각하거나, 설사 그런 일을 당한다 해도 피할 길이 있을 거라고 생각하며 자신을 위로해도 아무 소용없습니다. 하나님의 이름으로 이 메시지를 전하는 설교자들의 말을 듣고 믿지 않으면, 에스겔 14장 4, 7-8절에 나와 있는 대로 하나님께서 친히 그것이 사실임을 확신시켜 주실 것입니다.

이런 끔찍한 멸망을 당하게 될 거라는 말이 사실처럼 느껴지지 않는 이유가 무엇입니까? 여러분 자신이 그런 형벌을 받을 만큼 엄청난 죄를 지었다고 생각되지 않기 때문입니까? 여러분 안에서 그처럼 끔찍한 형벌을 받을 만한 무서운 것을 전혀 볼 수 없기 때문입니까?

자신이 이런 형벌을 받을 만큼 악하다고 생각되지 않는 이유가 무엇인지 아십니까? 그 대답은 아주 간단합니다. 바로 여러분이 자신의 악함을 사랑하기 때문입니다. 여러분 눈에는 자신의 악함이 선해 보입니다. 사랑스러워 보입니다. 그것이 전혀 밉지 않습니다. 여러분의 악함이 그런 비참한 상태를 맞을 만큼 혐오스럽고 괘씸해 보이지 않습니다.

그러나 그것은 여러분이 영적인 장님인 데다 강퍅한 마음을 가진 어리석은 죄인이기 때문입니다. 하나님은 여러분이 더러운 눈으로 자기 자신을 보듯 그렇게 여러분을 보시지 않습니다. 하나님 눈에는 여러분의 죄가 말할 수 없이 가증스럽고 혐오스러운 것으로 보입니다.

여러분은 자신이 그동안 하나님의 위엄과 광대하심을 수없이 경멸하며 우습게 여겼다는 사실을 알고 계십니까? 그렇다면 하나님께서 여러분에게 큰 형벌을 내리심으로써 여러분이 그토록 멸시한 그분의 위엄과 광대하심을 나타내는 것이 아주 당연한 일 아닙니까? 그렇게 해서는 안 될 이유가 무엇입니까?

여러분은 그동안 여호와 하나님이 얼마나 크고 무서우신 분인지에 대해 자주 듣고도 아주 우습게 여겼습니다. 그 하나님을 두려워하지 않음은 물론이요 그 하나님을 대적하여 범죄하는 것도 두려워하지 않았습니다. 그리고 날이면 날마다 죄를 범함으로써 그분의 저주를 자초하는 것에 대해서나, 그분의 계명들을 발로 짓밟는 것에 대해서도 두려워하지 않았습니다.

그런데 지금 하나님께서 여러분을 멸망시킴으로써 여러분이 그동안 그토록 멸시했던 그분의 위엄과 광대하심을 나타내려 하십니다. 그분의 위엄과 광대하심을 공의롭게 입증하려 하십니다. 그렇게 하지 못할 이유가 어디 있습니까?

여러분은 그동안 하나님의 크신 능력을 경멸해 왔습니다. 그것을 두려워하지 않았습니다. 그래서 지금 하나님께서 여러분을 멸망시킴으로써 그분의 크신 능력을 보여 주시고자 하는데, 그것이 왜 합당치 않다는 것입니까? 이 세상에 왕을 우습게 여긴 신하를 벌함으로써 자신의 권위를 나타내려 하지 않을 왕이 어디 있겠습니까? 자기에게 반항한 자들에게 보복함으로써 왕으로서의 위엄을 회복하려 하지 않을 왕이 어디 있겠습니까?

하물며 온 땅과 온 하늘의 왕이신 하나님, 그분 앞에서는 이 땅의 모든 왕들이 메뚜기에 지나지 않는 크신 왕이신 하나님께서 여러분처럼 오만불손한 반항자들을 벌하심으로써 그분의 위엄을 입증해 보이시는 것이 당연하지 않습니까?

설마 여러분은 하나님께서 그렇게 하시지 않을 거라고 생각할 만큼 어리석은 것은 아니겠지요? 만일 그렇게 생각한다면 무언가 단단히 오해하고 있는 것입니다. 여러분이 하나님의 위엄을 무시하면, 하나님께서는 여러분에게 그것을 알게 해주실 것입니다. 하나님은 절대 자신의 위엄을 무시하지 않습니다. 그분은 자신의 이름을 귀하게 여기십니다. 따라서 여러분이 땅에 떨어뜨린 그분의 이름을 하나님께서 친히 회복시키실 것입니다.

하나님께서 여러분을 심하게 다루실 거라는 사실, 여러분이 당하게 될 하나님의 저주가 무척 크다는 사실에 대해 조금도 이상하게 생각하지 마십시오. 왜냐하면 그것이 아무리 크다 해도 그동안 여러분이 멸시한 하나님의 사랑보다 더 크지는 않기 때문입니다. 하나님의 말할 수 없이 큰 저주만큼 하나님의 사랑과 은혜, 스스로 낮추사 자신의 아들을 이 땅에 보내어 죽게 하실 만큼 죄인들을 불쌍히 여기는 하나님의 마음도 놀랍고 크기 때문입니다.

여러분은 그동안 하나님이 베푸신 이 크신 긍휼에 대해 많은 설교를 들어왔습니다. 여러분은 놀랍고 크신 하나님의 긍휼에 대해 수백 번도 더 전해 들었을 뿐 아니라 그 크신 긍휼을 받아들이라는 초대까지 받았습니다. 그런데도 여러분은 그리스도를 영접하지 않았습니다. 그 크신 하나님의 사랑을 받지 않았습니다. 오히려 여러분을 위해 죽기까지 하신 하나님의 사랑을 경멸했습니다. 그 사랑이 우리에게 주는 유익들을 발로 짓밟았습니다. 그런데 왜 지금 와서 하나님이 그동안 여러분이 멸시하고 거절한 그 사랑과 자비만큼 큰 저주를 내리면 안 된다고 하는 것입니까?

하나님이 어떻게 가련한 죄인을 대적하사 그를 멸하시고 그로 하여금 그분의 무한하신 능력 아래서 그토록 무정한 저주를 받게 하실 수 있을까, 어떻게 그렇게 가혹하실 수 있을까, 그 사실이 도저히 믿어지지 않습니까? 여러분이 지금까지 자신의 마음을 강퍅하게 하여 하나님의 무한하신 긍휼과 죽기까지 하신 그 사랑을 대적한 것보다 하나님의 이러한 처사가 더 심해 보입니까?

하나님이 어떻게 그렇게 죄인의 안녕과 복지를 전적으로 무시한 채 무한히 깊은 비참 가운데 빠지게 하실 수 있는지 도저히 믿어지지 않습니까? 너무 충격적인 사실입니까? 그럼 여러분이 그동안 무한하신 하나님의 이름과 영광을 전적으로 무시한 사실은 어떻게 되는 것입니까? 그건 아무렇지도 않다는 말입니까?

그것은 여러분의 어리석음과 몰지각에서 나온 생각입니다. 자신이 얼마나 악한지 전혀 의식하지 못한 채, 자기는 그런 형벌을 받을 만큼 악하지 않다고 생각하거나 그런 형벌을 받게 된다니 도저히 믿어지지 않는다고 생각하는 것은, 여러분이 그만큼 돌처럼 단단한 마음을 갖고 있기 때문입니다.

그러나 만일 누가 뭐라든 이 모든 것이 믿어지지 않거든 잠시만 기다리십시오. 곧 이것이 사실임을 알게 될 것입니다. 즉 사역자들이 할 수 없는 것을 하나님께서 친히 행하실 것입니다.

하나님께서 여러분이 범한 악행들에 대해 아직 심판하지 않고 계시지만, 지금은 당신을 그대로 내버려두시지만, 곧 그분의 크신 능력으로 당신에게 임하실 것입니다. 그러면 하나님이 어떤 분이시며 여러분 자신이 어떤 존재인지 알게 될 것입니다.

만일 이것들이 사실로 드러나 여러분에게 그 최악의 일이 임한다 해도, 여러분은 자신이 그것을 견딜 수 있을 뿐 아니라 또 견뎌내고야 말겠다고 생각하며 스스로 위로하지 마십시오. 전능하신 왕인 여호와의 저주가 임하는데, 여러분이 아무리 굳게 결심한들 무슨 소용이 있으며, 온 힘을 다해 버텨 본들 무슨 소용이 있겠습니까?

여러분을 만드신 하나님께서 여러분에게 검을 대실 것입니다. 그분의 검은 인간의 검과 다르며 그분의 저주는 인간의 저주와 다릅니다. 만일 그것이 인간의 것과 동일하다면 담대한 용기를 가지고 견딜 수도 있을 것입니다. 그러나 그것은 크신 하나님, 여러분의 힘을 순식간에 모두 흩어버리고 정지시키실 수 있는 하나님께로부터 오는 맹렬한 저주입니다.

하나님은 가련한 여러분의 영혼을 저주의 바다로, 유황 불로 가득 채우실 수 있습니다. 여러분의 불쌍한 영혼을 빨갛게 달궈진 아궁이보다 수만 배 더 뜨거운 고통으로 가득 채우실 수 있습니다. 그와 함께 그 고통이 생전 끝나지 않을 거라는 절망감과, 그 비참함에서 잠시도 휴식을 취하지 못할 거라는 절망감으로 가득 채우실 수 있습니다. 그런데도 그것을 버틸 힘이 있을 것 같습니까? 그래도 용기가 남아 있을 것 같습니까? 이런 판국에 그 고통을 견뎌 보겠다고 안간힘을 쓴들 그것이 다 무슨 소용이겠습니까?

말씀 한마디로 온 하늘과 온 땅을 지으신 그 크신 하나님 손에 들어 있는 여러분은 대체 어떤 존재입니까? 이 거대한 우주 속에 있는 모든 것을 주관하시고 온 땅을 붙잡고 계실 뿐 아니라, 하늘에 있는 모든 것들의 일거수일투족을 세세연년에 걸쳐 지시하시는 하나님께서 그 엄청난 능력으로 여러분을 다루실 텐데, 그것을 어떻게 견디겠다는 것입니까? 오히려 그때가 오면 온 몸이 덜덜 떨리지 않겠습니까?

인간보다 몇천 배나 더 강하고 악한 것들이 있습니다. 예를 들어 아주 단단해서 고통을 잘 견디는 큰 악어라든지, 강하고 교만한 귀신들이 그런 것들입니다. 그러나 그것들도 크신 하나님 손에서는 아무것도 아닌 미미한 존재에 불과합니다. 마지막 심판날이 되면 다 드러나겠지만, 그들은 약하디 약한 어린아이만도 못하며, 아무것도 아닙니다. 진노하신 하나님의 손에 붙들린 그들은 정말 종잇장만도 못한 존재들입니다. 그들은 비탄에 잠겨 그대로 가라앉고 말 것입니다. 아무런 힘이나 용기도 남아 있지 않을 것입니다. 그 마음이 물처럼 녹을 것입니다. 그 영혼이 사망과 절망의 심연인 무한한 어둠 속으로 가라앉을 것입니다.

그렇다면 벌레 같은 존재에 지나지 않는 여러분이 하나님 손에 떨어진다고 한번 생각해 보십시오. 어떻게 되겠습니까? 하나님께서 그 저주를 보여 주러 오실 때, 그분의 능력을 알려 주러 오실 때, 여러분은 과연 어떻게 되겠습니까? 여러분이 설사 이 땅의 악한 자들과 지옥의 귀신들의 힘을 모두 합친 것만큼 큰 힘을 갖고 있다 해도, 그것들이 갖고 있는 용기와 담대함을 모두 갖고 있다 해도 아무 소용없을 것입니다. 그 모든 힘을 가지고 하나님의 저주를 견딜 수 있을 뿐 아니라 반드시 견디고야 말겠다고 아무리 작심해도 소용없을 것입니다. 왜냐하면 그분의 크신 저주를 당하면 그 모든 것이 즉시 사라지고 말 것이기 때문입니다. 여러분의 양손이 즉시 축 늘어지는 것은 물론이요 여러분 마음도 초처럼 녹고 말 것입니다.

아무리 큰 산이나 단단한 바위도 하나님 능력 앞에서는 서 있지 못합니다. 하나님이 진노 가운데 나타나시면 즉시 산산이 부서져 흩어지고 말 것입니다. 하나님은 온 땅을 순식간에 산산조각 내실 수 있는 분입니다. 그렇습니다. 하나님은 온 우주를 단번에 산산조각 내실 수 있는 분입니다. 그런데 어떻게 하나님의 저주를 당하는 여러분 손에 힘이 남아 있겠으며, 여러분 마음이 그것을 견딜 수 있단 말입니까?

사실 여러분은 초원의 사자 앞에서도 서 있을 수 없는 존재입니다. 어떤 사나운 짐승이든 화가 나면 여러분을 순식간에 산산조각 내고 말 것이기 때문입니다.

아니, 사나운 짐승까지 갈 것도 없습니다. 여러분은 나방 앞에서도 꼼짝 못 하는 존재입니다. 아주 작은 것, 아주 작은 벌레나 거미 같은 미물조차 여러분을 죽일 수 있습니다. 그런데 하나님의 손에 붙들린 여러분이 무엇을 어떻게 할 수 있단 말입니까? 날카로운 가시가 있는 들장미 덩굴을 이글이글 타오르는 불에 가져가 보십시오. 아무리 뾰족한 가시라도 그 불길을 견디지 못하고 타버릴 것입니다.

여러분 중에는 어마어마하게 큰 건물이 한 번 불길에 휩싸이자 힘없이 무너져 내리고 마는 것을 본 분들이 계실 것입니다. 그렇다면 그처럼 맹렬하고 거대한 불길 가운데 여러분이 던져졌다고 한번 상상해 보십시오. 그 불길과 싸우는 여러분 손이 얼마나 가련하고 딱하겠습니까? 여러분은 거미나 다른 곤충들이 맹렬한 불 가운데 던져졌을 때 얼마나 순식간에 타버리는지 종종 목격했을 것입니다.

그 불 속에서 오랫동안 버둥거릴 필요도 없고, 그 불에 저항해 싸울 힘도 없으며, 그 불길을 버틸 힘도 없고, 그렇다고 그 불길로부터 도망칠 힘도 없이 즉시 삼키움을 당하고 맙니다. 그리고 다시 아무 일 없었던 것처럼 불길만 남아 있게 됩니다. 이것을 보면 회개하고 그리스도께 피신하지 않는 한, 지옥에서의 여러분 신세가 어떨지 조금이나마 상상이 갈 것입니다.

만일 여러분이 그것을 견딜 수 있다고 생각할 뿐 아니라 자신의 심신을 강화시켜 그것을 견뎌내고야 말겠다고 생각할지라도, 지옥에 던져지는 순간 그 모든 힘이 쭉 빠지고 말 것입니다. 지옥의 고통을 견딜 수 있을 뿐 아니라 견디고야 말겠다고 다짐하며 자신의 용기를 북돋는 것은, 마치 이글이글 타오르는 용광로 속에 곧 던져질 벌레가 그 몸을 잔뜩 부풀린 채 용광로의 불길과 싸우겠다고 덤비는 것과 똑같이 어리석은 짓입니다.

여러분이 번개를 어떻게 할 수 있겠습니까? 번개와 싸워 본들 무슨 소용이 있겠습니까? 뇌성 번개 치는 폭우 속에서 자기 머리나 가슴에 번개가 치는 것을 막기 위해 손에 검을 들고 나가는 사람이 있다면, 그 사람은 정말 딱하고 어리석은 사람일 것입니다. 왜냐하면 번개가 치는 순간 그의 검이 즉시 녹아버릴 것이요 그의 생명이 즉시 날아갈 것이기 때문입니다.

이 자리에 계신 분들 가운데 하나님의 원수요 그리스도를 거부하는 분들은 모두 이 점에 대해 생각해 보십시오. 연세가 지긋하든, 한 가정의 가장이든, 청년이든, 아니면 어린이든 상관없이 이 점에 대해 생각해 보십시오.

이 설교를 경청하고 회개하지 않는다면 하나님께서 그분의 저주가 어떤 것인지 여러분에게 보여 주실 것입니다. 그분의 능력을 알게 해주실 것입니다. 여러분을 지옥에 가라앉게 하심으로써 하나님 자신을 최대한으로 높이실 것입니다. 마지막 심판날 그 엄청난 총회 앞에서 여러분을 비참하게 만드심으로써 하나님의 그 크신 위엄을 나타내실 것입니다.

일찍이 이 땅에 있었던 그 어떤 총회보다 수천수만 배는 더 큰 총회 앞에서, 모든 성도들과 거룩한 천사들은 물론이요 모든 악한 자들과 마귀의 졸개들까지 모인 자리에서 보여 주실 것입니다. 하나님은 이 모든 자들 앞에서 여러분을 멸망시키심으로써 하나님 자신을 영화롭게 하실 것이요, 여러분은 그 모든 자들 앞에서 고통을 당하게 될 것입니다.

그러면 그 모인 자들이 하나님은 정말 크신 하나님임을 알게 될 것입니다. 그리고 이런 하나님께 죄를 범한다는 게 얼마나 무섭고 끔찍한 일인지, 여러분이 지금까지 거절하고 멸시했던 것처럼 이런 구세주를 거절하고 이런 사랑과 은혜를 거절한다는 것이 얼마나 무서운 일인지 보게 될 것입니다.

그 큰 광경을 보고 모두 하나님에 대한 경외심으로 충만하게 될 것이요, 성도들과 천사들은 모두 여러분을 보고 하나님의 위엄을 존숭하게 될 것입니다. 말로는 도저히 표현할 수 없는 여러분의 멸망과 비참 속에서 나타나게 될 하나님의 막강하신 능력과 거룩하심과 공의를 존숭하게 될 것입니다.

그런데 오늘 이 자리에서 설교를 듣는 여러분 중에도, 바로 지금 이 순간에도 정신을 못 차리고 자기 영혼에 전혀 신경을 쓰지 않는 사람들이 아마 있을 것입니다. 두렵건대 이 가운데 무시무시하게 강퍅한 마음을 갖고 있는 사람들도 있을 것입니다. 그 마음이 돌보다 더 단단해서 차라리 돌을 감명시키는 게 더 쉬운 그런 사람들도 있을 것입니다.

여러분 중에는 편안히 조용하게 앉아서 제가 지금까지 말씀드린 이 모든 내용을 듣고도, 그건 괜히 겁 주기 위해 하는 소리에 지나지 않는다고 생각하며 끄떡도 하지 않는 사람들이 있을 것입니다. 이미 이런 사실들에 대해 많이 들었기 때문에, 즉 천국의 노호하는 대포 소리에 너무 익숙해져서 전혀 놀라지 않는 분들도 있을 것입니다. 그러니 제가 더 이상 말씀드린다 해도 아무 소용없을 것입니다. 그래도 이것만은 반드시 말씀드려야 하겠습니다.

하나님께서 머지않아 여러분을 다루실 것입니다. 저는 여러분을 다룰 수 없습니다. 왜냐하면 여러분은 제가 하는 말을 우습게 여기기 때문입니다. 여러분으로 하여금 앞으로 당하게 될 위험과 비참을, 그 무서운 하나님의 진노를 깨닫게 할 수 있는 힘이 제게는 전혀 없습니다. 그동안 많은 사람들이 시도해 왔지만 종종 헛수고로 돌아가고 말았습니다.

그러나 하나님께서 여러분 같은 사람들을 다루기로 작정하셨습니다. 하나님은 먼저 인간들로 하여금 온 힘을 다해 죄인들을 설득하게 하십니다. 특히 사역자들이 자신의 약함과 무력함을 깨달을 수 있도록 그들에게 이 일을 맡기십니다. 사역자들이 인간으로서 할 수 있는 모든 것을 다한 후에 그것이 실패로 돌아가면 그때 하나님께서 그 일을 맡으십니다. 따라서 여러분의 완고함을 볼 때, 아무래도 하나님께서 친히 여러분을 다루실 것 같습니다.

하나님께서 여러분을 복종시키실 것입니다. 하나님께서 친히 그분의 말씀을 무시하는 여러분의 몰지각함을 고쳐주실 것이요, 여러분은 하나님이 하신 말씀이 정말인지 아닌지 확인하게 될 것입니다. 그리고 결국에는 하나님께 굴복하고 말 것입니다.

증인이 여러분의 죄를 증언할 때 여러분은 힘이 완전히 빠지고 말 것입니다. 힘이 완전히 빠지는 것은 물론이요 용기와 희망도 모두 사라지고 말 것입니다.

하나님은 지금 현재 그분에게 절하지 않는 자들을 반드시 멸하실 것입니다. 하나님은 지금까지 그 크신 능력과 무서운 저주로써 완악하고 몰지각하고 집요한 심령들을 수없이 많이 다루셨는데, 한 번도 실패하지 않으셨으며 언제나 철저히 행하셨습니다.

여러분은 머지않아 놀랍게 변화될 것입니다. 지금은 이 자리에 편안히 앉아 크신 하나님의 저주와 지옥에 대해 듣고도 아무 생각 없이 가버리겠지만, 곧 와들와들 떨며 큰소리로 울부짖고 이를 갈면서 지금 여러분이 우습게 여기고 있는 이 큰 일들이 얼마나 중요한 것인지 철저히 깨닫게 될 것입니다.

사명선언문

너희가 흠이 없고 순전하여……세상에서 그들 가운데 빛들로
나타내며 생명의 말씀을 밝혀 _ 빌 2:15-16

1. 생명을 담겠습니다

만드는 책에 주님 주신 생명을 담겠습니다.
그 책으로 복음을 선포하겠습니다.

2. 말씀을 밝히겠습니다

생명의 근본은 말씀입니다.
말씀을 밝혀 성도와 교회의 성장을 돕겠습니다.

3. 빛이 되겠습니다

시대와 영혼의 어두움을 밝혀 주님 앞으로 이끄는
빛이 되는 책을 만들겠습니다.

4. 순전히 행하겠습니다

책을 만들고 전하는 일과 경영하는 일에 부끄러움이 없는
정직함으로 행하겠습니다.

5. 끝까지 전파하겠습니다

모든 사람에게, 땅 끝까지, 주님 오시는 그날까지
복음을 전하는 사명을 다하겠습니다.

서점 안내

광화문점	서울시 종로구 새문안로 69 구세군회관 1층 02)737-2288 / 02)737-4623(F)
강남점	서울시 서초구 신반포로 177 반포쇼핑타운 3동 2층 02)595-1211 / 02)595-3549(F)
구로점	서울시 동작구 시흥대로 602, 3층 302호 02)858-8744 / 02)838-0653(F)
노원점	서울시 노원구 동일로 1366 삼봉빌딩 지하 1층 02)938-7979 / 02)3391-6169(F)
일산점	경기도 고양시 일산서구 중앙로 1391 레이크타운 지하 1층 031)916-8787 / 031)916-8788(F)
의정부점	경기도 의정부시 청사로47번길 12 성산타워 3층 031)845-0600 / 031)852-6930(F)
인터넷서점	www.lifebook.co.kr